琉球風水志シウマの
恋占い

シウマ

SDP
STARDUST★PICTURES

はじめに

はじめまして！　そして、いつも私の本を読んでくださっている方、ありがとうございます！　琉球風水志のシウマです。私は、沖縄独自の「琉球風水」と姓名判断や九星気学などをもとにした「数意学」を用いて、これまでに5万人以上の方たちの鑑定をしてきました。2020年からはフジテレビ系の『突然ですが占ってもいいですか？』に出演させていただいており、そちらをご覧いただいている方もいるかもしれません。

この本は、私が長年研究してきた「九星気学」を用いて人と人の〝相性〟——なかでも恋愛・結婚に関するふたりの仲を判断し、皆さんに幸せをつかんでいただきたいと願って制作されました。簡単に言うと、九星気学は中国で生まれた占いで、暦《こよみ》を構成する要素のひとつ。人は、その生まれ年から必ず「九星」のどれかに属しています(ご自分がどれに属するかは10ページの早見表をご覧ください)。そして、その九星の影響により日々の吉凶から一生の運気の流れが決まっている、というのが九星気学の基本的な考え方です。

九星はこれまで、日ごと、月ごと、年ごとの運勢を占うためよく使われてきました。今回は特に〝相性〟に注目して、皆さんの恋に関するお悩みにおこたえしていきたいと思います。九星それぞれには、考え方や行動にはっきりしたタイプと特徴があります。自分と相手の九星を知ることで、ふたりの相性をより良くするため、悪い場合は良い方向へ修正していくため、それぞれに必要な手立てを導き出すことができます。

九星ごとの性質の違いがわかると、相手の考えをより深く理解することができ、どんな行動、反応をするのかがわかるようになります。恋愛に関して言えば、ご自分がどんな恋をするのかを把握したうえで、気になる相手との基本的な相性、デートやお付き合いで注意すべき点、ラブラブな状態を維持しピンチを招かないための知恵と工夫などをまとめました。書かれた内容は今日からすぐに実践してもらえることでしょう。

本書は、第1部で九星による相性の基本の考え方を簡単にお話ししたうえで、第2部にはあなた自身の恋愛のタイプのほか、九星それぞれとの相性についても詳しく説明しています。皆さんの恋をよりハッピーなものにするうえでお役に立てれば、これほどうれしいことはありません。

目次

第2部 九星ごとの恋愛と相性がわかる！ …… 23

五黄土星の人

六白金星の人

七赤金星の人

八白土星の人

九紫火星の人

九星早見表

五黄土星	四緑木星	三碧木星	二黒土星	一白水星	九紫火星	八白土星	七赤金星	六白金星
昭和7年 *1932年 壬申	昭和8年 1933年 癸酉	昭和9年 1934年 甲戌	昭和10年 *1935年 乙亥	昭和11年 *1936年 丙子	昭和12年 1937年 丁丑	昭和13年 1938年 戊寅	昭和14年 *1939年 己卯	昭和15年 *1940年 庚辰
昭和16年 1941年 辛巳	昭和17年 1942年 壬午	昭和18年 *1943年 癸未	昭和19年 *1944年 甲申	昭和20年 1945年 乙酉	昭和21年 1946年 丙戌	昭和22年 *1947年 丁亥	昭和23年 *1948年 戊子	昭和24年 1949年 己丑
昭和25年 1950年 庚寅	昭和26年 *1951年 辛卯	昭和27年 *1952年 壬辰	昭和28年 1953年 癸巳	昭和29年 1954年 甲午	昭和30年 1955年 丁未	昭和31年 *1956年 丙申	昭和32年 1957年 丁酉	昭和33年 1958年 戊戌
昭和34年 1959年 己亥	昭和35年 *1960年 庚子	昭和36年 1961年 辛丑	昭和37年 1962年 壬寅	昭和38年 1963年 癸卯	昭和39年 *1964年 甲辰	昭和40年 1965年 乙巳	昭和41年 1966年 丙午	昭和42年 1967年 丁未
昭和43年 *1968年 戊申	昭和44年 1969年 己酉	昭和45年 1970年 庚戌	昭和46年 1971年 辛亥	昭和47年 *1972年 壬子	昭和48年 1973年 癸丑	昭和49年 1974年 甲寅	昭和50年 1975年 乙卯	昭和51年 *1976年 丙辰
昭和52年 1977年 丁巳	昭和53年 1978年 戊午	昭和54年 1979年 己未	昭和55年 *1980年 庚申	昭和56年 1981年 辛酉	昭和57年 1982年 壬戌	昭和58年 1983年 癸亥	昭和59年 *1984年 甲子	昭和60年 1985年 乙丑
昭和61年 1986年 丙寅	昭和62年 1987年 丁卯	昭和63年 1988年 戊辰	平成元年 (昭和64年) 1989年 己巳	平成2年 1990年 庚午	平成3年 1991年 辛未	平成4年 1992年 壬申	平成5年 1993年 癸酉	平成6年 1994年 甲戌
平成7年 1995年 乙亥	平成8年 1996年 丙子	平成9年 1997年 丁丑	平成10年 1998年 戊寅	平成11年 1999年 己卯	平成12年 2000年 庚辰	平成13年 2001年 辛巳	平成14年 2002年 壬午	平成15年 2003年 癸未
平成16年 2004年 甲申	平成17年 2005年 乙酉	平成18年 2006年 丙戌	平成19年 2007年 丁亥	平成20年 2008年 戊子	平成21年 2009年 己丑	平成22年 2010年 庚寅	平成23年 2011年 辛卯	平成24年 2012年 壬辰
平成25年 2013年 癸巳	平成26年 2014年 甲午	平成27年 2015年 乙未	平成28年 2016年 丙申	平成29年 2017年 丁酉	平成30年 2018年 戊戌	令和元年 (平成31年) 2019年 己亥	令和2年 2020年 庚子	令和3年 ◆2021年 辛丑

※暦は旧暦に基づくため、その年の節分までに生まれた人は、前の年の九星・干支になります。

※*のついた年の節分は2月4日、◆のついた年の節分は2月2日、それ以外の年は2月3日です。

第1部

「九星相性占い」で幸せな恋をつかむ！

数千年の歴史をもつ「九星」の知恵

九星あるいは九星気学と呼ばれる占いは大昔の中国で生まれ、私たちの祖先によって数千年も前から用いられてきた「暦」を基本にしています。暦といっても普通のカレンダーではなく、年末になると本屋さんなどに並ぶ「高島暦」などと呼ばれるものです。これを試しにめくってみると、方位のこと、干支《えと》のこと、吉凶のことなどが書いてありますが、九星とはすなわち、この暦を使って人間のさまざまな営みを読み解くための「知恵」のかたまりと言えるでしょう。

暦は、人間が何となく勝手につくったものではありません。たとえば月や星の動きから発見した1年の単位や、大の月・小の月、さらに閏年、四季の移り変わりなど、大昔の人が自然の変化を観察することで得た膨大なデータに基づき、私たち自身をも含む自然のエネルギーの変化がはっきりわかる仕組みになっています。九星は、そのエネルギーの変化、すなわち「運気」の流れを生まれ年によって判断し、すでに起こったことを理解したり、これから起こることを予測したり、自然と上手に共存し、自然のリズムに逆らわない賢い生き方をするのにとても役に立つのです。

暦の知恵が生まれた古代の中国では、運命を「天・地・人」という3つの面からとらえていました。このうち、宇宙全体の動きを示す「天」の気は「十干《じっかん》」（甲《きのえ》・乙《きのと》・丙《ひのえ》・丁《ひのと》・戊《つちのえ》・己《つちのと》・庚《かのえ》・辛《かのと》・壬《みずのえ》・癸《みずのと》）で示し、土台となる「地」の気は「十二支《じゅうにし》」（子《ね》・丑《うし》・寅《とら》・卯《う》・辰《たつ》・巳《み》・午《うま》・未《ひつじ》・申《さる》・酉《とり》・戌《いぬ》・亥《い》）で表しますが、これを組み合わせたのが皆さんおなじみの「干支」で、世の中全体の大きな変化を占うのに用いられます。

これに対し、私たち自身の運命に一番大きく関係する「人」の気を示すのが、この本で用いる「九星」です。人間の力ではなかなか変えられない「天」や「地」の気と違い、「九星」は上手に活用することで人生をより幸せに、実り多いものに変えられます。

九星には、その名の通り――一白水星《いっぱくすいせい》、二黒土星《じこくどせい》、三碧木星《さんぺきもくせい》、四緑木星《しろくもくせい》、五《ご》黄土星《おうどせい》、六白金星《ろっぱくきんせい》、七赤金星《しちせききんせい》、八白土星《はっぱくどせい》、九紫火星《きゅうしかせい》の9つのグループがあり、どれに属するかは生まれた年で決まります。次のページでは、九星それぞれのおおまかな特徴を説明しましょう。

「九星」それぞれのタイプを知ろう

「九星」で言う「星」は「運命」や「タイプ」という意味で、実在する星とは関係ありません。一から九という基本の数字と7つの色＊、木・火・土・金・水という自然界の構成要素（「五行」といいます）の組み合わせで、それぞれ次のようなイメージと特徴があります。

一白水星《いっぱくすいせい》

落ち着いた男性のイメージ

水の属性をもち、周囲の環境に合わせて自在に変化できるタイプ。束縛を嫌い、ひとりの時間を大切にする傾向がありますが、人を惹きつける力もあり、複雑な性質と思われることも。

二黒土星《じこくどせい》

愛情深い母親のイメージ

土の属性をもち、思いやりがあり、辛抱強いタイプ。周囲に対しては母性的なふるまいをすることが多く、お金にも堅実です。その分、面白さや軽やかさに欠ける部分もあります。

三碧木星《さんぺきもくせい》

元気な青年のイメージ

雷の属性（五行では木）をもち、スピーディな行動力が持ち味。負けず嫌いで積極的、目標へ向けてまっしぐらに進みますが、計画性に欠ける部分があり、失敗して考え直すことも。

＊色については、古い時代に吉凶を決める要因として重視されましたが、今はあまり注目されることがありません。

七《しち》赤《せき》金《きん》星《せい》

華やかな少女のイメージ

同じ金の属性でも、こちらは器用に動くハサミのようなタイプ。人付き合いがうまく、周囲を喜ばせるのが大好きですが、気をつかいすぎて疲れることも。派手で浪費家の面もあります。

四《し》緑《ろく》木《もく》星《せい》

若々しい女性のイメージ

木の属性をもち、のびのび素直で協調性に富むタイプ。友だちや仲間を大切にしますが、その気持ちが強いために、思い切った決断ができず、チャンスを逃してしまうこともあります。

八《はっ》白《ぱく》土《ど》星《せい》

気まぐれな少年のイメージ

土のなかでもどっしりした山と、その上に広がる変わりやすい空の属性をもつタイプ。意志が強く融通がきかない半面、気分にムラのある面も。努力型で、頭の良い、几帳面な性質。

五《ご》黄《おう》土《ど》星《せい》

やんちゃな子どものイメージ

土でも特に熱いマグマの属性をもち、九星のセンターに位置する強運の持ち主。成功も失敗も劇的で、波乱に富む人生を送ります。親分肌ですが、支配欲が強く自己中心的な面も。

九《きゅう》紫《し》火《か》星《せい》

感性のある女性のイメージ

火の属性をもち、頭脳明晰、感受性の強いタイプ。アーティスト気質で九星でも最も高い美意識を示しますが、熱しやすく冷めやすい面も。プライドが高い半面、打たれ弱いのも弱点。

六《ろっ》白《ぱく》金《きん》星《せい》

厳しさもある父親のイメージ

金の属性をもち、特に切れ味のいい刃物のようなタイプ。ものごとの筋道を大切に、正しい判断をくだす冷静さ、高い品格がありますが、理屈っぽいせいで冷たい人と思われることも。

「九星相性占い」の基本、「五行」とは？

「九星」による相性占いの基本となるのは、古代中国で生まれた「五行」です。「五行」とは、自然界を構成する5つの基本要素「木・火・土・金・水」と、それぞれの関係性に注目し、この世の出来事すべてを解明しようという、東洋の伝統的な考え方です。

5つの要素とその関係については次ページの図のように、「木がこすれると火になる」「燃え尽きた火から灰＝土が生まれる」「金属は土から生まれる」「金属は（冷えると）表面に水を生じる」「水は木を育てる」という〝与え与えられる〟良い相性がある一方で、「木は土の養分を吸い取る」「火は熱で金属を溶かす」「土は水を濁らせる」「金物の刃は木を切る」「水は火を消す」という〝奪い取る〟悪い相性があります。同じように、人間の場合も木・火・土・金・水それぞれの性質と互いの関係から相性の良し悪しを判断し、これを少しでもいい方向に導くうえで役に立つのが本書で紹介する「九星相性占い」なのです。

五行それぞれの関係

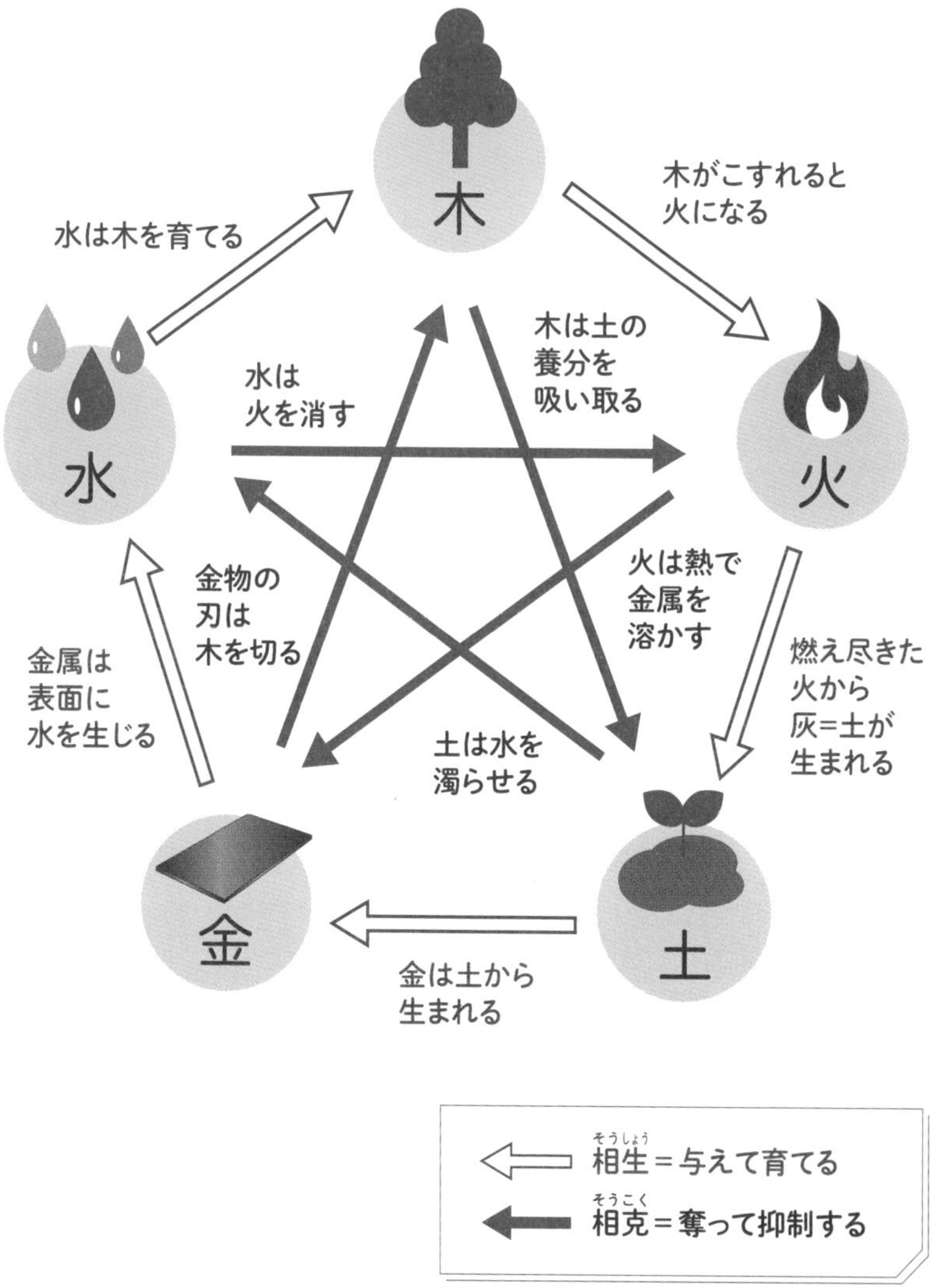
木
火
土
金
水
木がこすれると
火になる
火は熱で
金属を
溶かす
燃え尽きた
火から
灰=土が
生まれる
金は土から
生まれる
金属は
表面に
水を生じる
水は木を育てる
木は土の
養分を
吸い取る
水は
火を消す
金物の
刃は
木を切る
土は水を
濁らせる
相生《そうしょう》=与えて育てる
相克《そうこく》=奪って抑制する

「九星相性占い」が教える、相性好転のコツ

自分と相手の「九星」を知り、お互いの相性を判断する「九星相性占い」では、前ページで紹介した木・火・土・金・水の「五行」の関係性を基本に、さまざまな要素（性別や十二支、方位など）を加味して占いを行います。そして、そんな九星気学の占いが正しいと評価される根拠は、暦そして九星の知恵が生まれてからこれまでの、長い年月の間に積み重ねられた膨大な量のデータや統計だと言えるでしょう。

実際、私もこれまで運勢を見てきた方たちのデータ、その後のなりゆきなどを細かく記録していますが、それから見ても「九星」は相性に関して最も的中率の高い占いのひとつであるのは間違いありません。本書では、皆さんが最も気になる「恋愛・結婚」の相性を扱っていますが、職場の上司と部下、学校の先生と生徒、病院の医師や看護師と患者、さらに親子関係まで……あらゆる人間関係について、この「九星相性占い」は役に立ちます。

ひとつ、注意していただきたいのは、ここで言う「相性」の良し悪しは必ず

しも100%ではない、という点。自然のエネルギーに基づく九星の場合、「0か100か」のように白黒はっきりさせるのは難しく、それぞれの九星の関係性はもっと複雑です。たとえば「五行」では木と金は、金（刃物）が木を切ってしまう関係で、基本の相性は良くないものの、伸びすぎた枝をきれいに切るように、やり方によっては木の成長にプラスになることも少なくありません。逆に、水は木を育てますが、多すぎると根っこを腐らせる場合もあって、その関係性は単純ではないのです。

それだけに、仮に「相性が悪い」と書いてある場合も、「ああ、ダメだ」と諦めるのではなく、自分と相手の持ち味をどのように活かせば、ふたりの仲がうまくいくのか？　それを考えることで、運命を好転させることは不可能ではありません。このように相性というのは、環境の変化や時間の経過などによって良くもなり悪くもなるもので、実際に数多くの例を見てきた私からすると、もとの運命が7に対して、工夫や努力で変えられる部分が3というのが実感です。皆さんも、この本を「相性がわかる」というだけでなく、「相性を良くするコツがわかる」本として読んで、活用していただきたいと思います。

さまざまな知恵とヒントで恋愛運アップ！

「九星」の基本となる暦には「方位」の考え方も含まれており、その方位図には十二支のほか、一白水星から九紫火星が8つの方位と中央に当てはめられています。この場合、9つの星は年ごとに規則的に移動しますが、十二支は決められた位置から動くことはありません。これは最初に書いたように、運勢の土台となる「地の気」=十二支は変わらず、「人の気」である「九星」は時間や環境でうつろいやすいことを示しています。

22ページ上の図は、そんなうつろう九星のスターティングポジションとなる基本の〝定位置〟です。この位置は、年とともに中央に入る数字が五⇓四⇓三……と数字を順に追いかけていき、2023年には下の図のようになります。位置関係の変化によって、運勢の吉凶（鬼門に入ると要注意など）も周期的に変わりますが、相性については、ふたりそろっての長期の旅行や、暮らす家の方位を決める場合でなければあまり気にしなくていいでしょう。

ただ、ここで興味深いのが、同じ年に生まれ、方位や十二支などもまったく同じ人同士（たとえば同級生など）の相性で、私の経験から見る限りあまりいい結果にならないことが多いようです。これは、同じ星の生まれでお互いがよくわかる点はいいとして、方位の変化による年ごとの吉凶もまったく同じタイミングで訪れてしまうため、良い時は一緒に幸せな分、悪い時はそろって落ち込んでしまうからかもしれません*。相性というのは、そんなふうにさまざまな要素によって決まってくるものなのです。

そこで、この本では必要に応じて九星それぞれの十二支**によるタイプの違いや、同じ星での男女の微妙な差などにも触れているほか、古来のさまざまな知恵も取り入れて、恋愛における運気アップのヒントを紹介しています。

たとえば、長い歴史をもつ「数意学」に基づいたラッキーナンバーや、私の専門である「琉球風水」によるラッキーカラー、ラッキーアクション、ラッキーアイテム、そして掃除をすると運気が上がる場所など。なかでも、ラッキーナンバーには運勢を変える大きな力が秘められていますので、スマートフォンの番号の末尾4ケタの合計をおすすめの番号に変えたり、待ち受け画面に表示しておくなど、おおいに活用してほしいと思います。

*　実際は、12カ月や365日のそれぞれに九星が割り当てられているため、同じ生年でも生まれた月日によるタイプや運気の違いがあります。

**九星にはそれぞれ、十二支のうち4つずつ（五黄土星の場合は寅・巳・申・亥、四緑木星の場合は子・卯・午・酉など）が割り当てられています。

九星と方位の関係

九星ごとの方位の
“定位置”

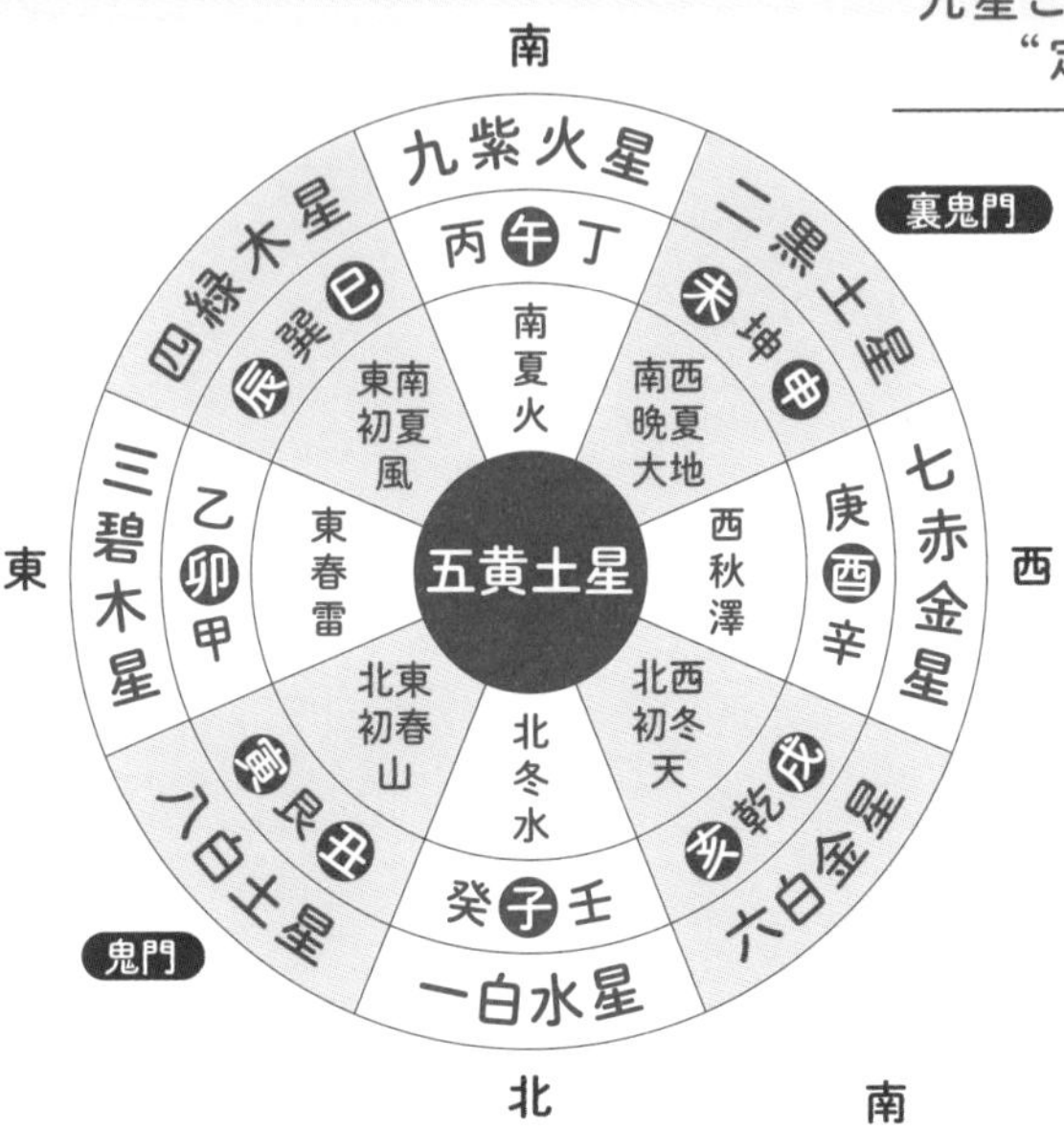

2023年の九星と
方位の位置

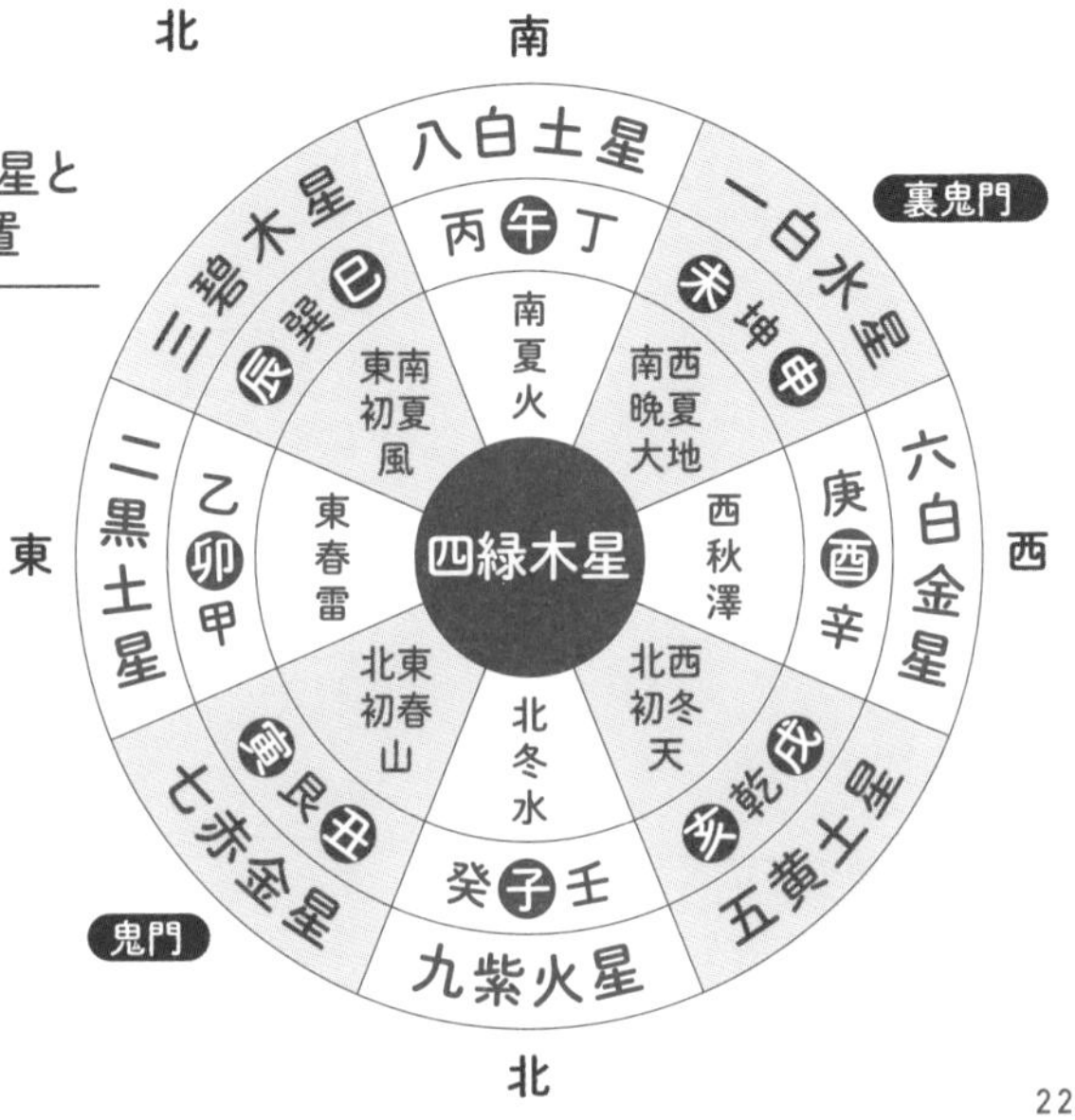

*以後、年が変わるごとに、中央には「三碧木星⇒二黒土星⇒一白水星……」と順を追って入り、とりまく九星の位置はそれぞれひとつ後の数を追いかけるように（前の年の三碧木星の位置に二黒土星、九紫火星の位置に八白土星、など）入れ替わります。

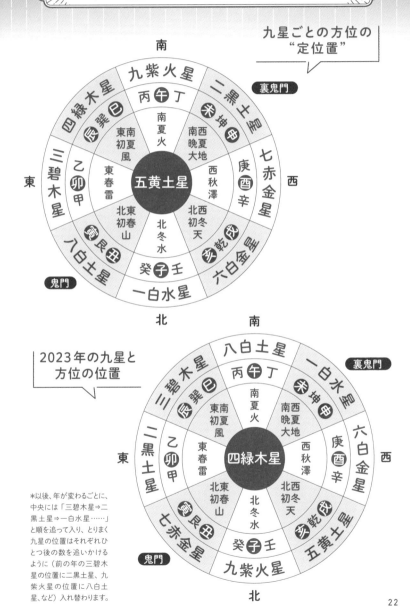

第2部

九星ごとの恋愛と相性がわかる！

第2部の使い方

・一白水星から九紫火星まで、九星ごとの最初の4ページには「○○○○の人」（例「一白水星の人」）として、基本的な性質と運勢、恋愛におけるさまざまな特徴のほか、相性のいいベスト3を紹介。あわせて、恋愛運アップのための「ラッキーナンバー」「ラッキーカラー」「ラッキーアクション」「ラッキーアイテム」「掃除するといい場所」を説明しています。自分の九星、恋人や気になる相手の九星がわかったとことで、まずはここを読み、あとに続く各九星との相性ページへ進んでください。

・各九星との相性ページには、九星ごとに他の九星との恋愛の相性について書いてあります。それぞれの組み合わせの基本的な相性の良し悪しは、「ラブラブ度」の数値（これまでの鑑定に基づく目安です）とそれに続く説明をご覧ください。「この言葉」は、九星ごとに相手に対して言うと喜ばれるセリフ。「これはNG」は逆に、相手に言ってはダメな言葉です。その他、注意すべき点については「デート&付き合いのトリセツ」をお読みください。

・相性を示す「ラブラブ度」の数値については、同じ組み合わせでもどちらの九星から見るかによって、若干の違いがあります。

一白水星《いっぱくすいせい》の人

自由気ままな一匹狼、不思議にモテちゃう？人気者

あなたはきっとこんな人

生まれつき体が弱く、病気やケガをしやすいことから、無理をしないように心がける人が多いようです。自分の体の限界値を理解しているので、何ごとにも80％の力で臨む傾向があります。つかみどころがない点も一白水星の特徴で、束縛や不自由を嫌い、ひとりの時間を乱されるのが好きではありません。時間にルーズで遅刻が多かったり、予定をドタキャンしたり。それも、マイペースな性格ゆえの行動と言えるでしょう。一方で、周囲に流されやすい面もあり、環境や関わる人の趣味嗜好、考え方に影響されやすい側面ももっています。

そんなあなたの恋愛は？

異性を惹きつける色気をもつ一白水星。流されやすい特徴もあり、好意を寄せられるとそれまで意識していなかった相手でも、流れのままに付き合うケースが多いようです。自然と相手に影響されるタイプのため、相手によってファッションも趣味もガラリと変わるのも特徴。つかみどころがなく複雑な性格をし

一白水星と相性のいいベスト3

1位	七赤金星	気ままな面も尊重して、楽しませてくれる！
2位	三碧木星	束縛をせず、自然体で付き合える気楽な関係！
3位	四緑木星	おおらかでハプニングにも強い、柔軟なふたり！

た一白水星は、自分のことがよくわかっておらず、恋愛の好みについても把握できていません。そのため、好きだと思っていた相手より、意識していなかった相手とのお付き合いのほうがいい恋愛に発展することもあるようです。

出会いのパターンは？

知人からの紹介や、偶然の出会いが素敵な恋愛を運んでくれます。不思議にモテる一白水星は、自分が恋愛に乗り気な時期より、消極的な時期のほうがいい出会いに恵まれるようです。

ラブラブ期はこんな感じ

基本的にひとりでいる時間が好きな一白水星ですが、好きな人に熱中している間はふたりの時間も楽しく過ごせるでしょう。ただ、パートナーと接近しすぎて自分の時間が取れなくなると逆効果なのでバランスに気をつけましょう。マイペースな一白水星ですが、恋愛に左右されやすい特徴も。恋愛がうまくいけば、仕事や勉強もうまくいくのも一白水星の傾向です。

破局はこうして訪れる

束縛を嫌う一白水星は、かまわれすぎると引いてしまう傾向があります。一白水星が「かまわないで」と怒ったら相手との恋愛に熱がなくなってきたサイン。破局を防ぐには、自分の時間をつくれるようスケジュールを立てることが先決です。とはいえ、気まぐれな一白水星はいきなり相手に冷めてしまうこともあり、そうなると自分でもどうしようもありません。

十二支による違いをチェック

異性にモテやすい一白水星のなかでも、特に恋愛上手と言われるのが酉年生まれ。抜群の色気で相手を翻弄するタイプです。また、気まぐれで悠々自適な一白水星の性質が一番強いのが子年生まれ。特につかみどころのない性格をしていて、お酒好きの傾向があります。

ラッキーナンバー

24

流されやすい一白水星は、誘われるまま次々に相手を変えてしまうこともあります。24は物事を形にする数字であり、ひとりの人との恋愛を成就させる手助けになるでしょう。

ラッキーカラー

マゼンタ

自分のことが一番な一白水星は、他人への興味が薄いのが残念なところ。深い愛情のイメージをもつマゼンタの物を身につけることで、人への思いやりを心に育てられるでしょう。

ラッキーアクション

お酒に飲まれない

体調を崩しがちな一白水星にとって、体を冷やすお酒は禁物。たしなむ程度なら問題はないですが、お酒に飲まれて酔いつぶれるような飲み方は避けましょう。

ラッキーアイテム

バスソルト

健康に関わるグッズのなかでもバスソルトはおすすめ。体を芯から温めてくれるバスソルトは、体の弱い傾向のある一白水星にはもってこいです。

掃除するといい場所

寝室

体を休められる場所を掃除すると、運気が上がります。特に一白水星の体調維持にもつながる眠りの質を高められるように、寝室の設備を整えるのがおすすめです。

一白水星×一白水星の相性は？

50%

ラブラブ度

マイペース同士、意外にも相性は悪くありませんが、周囲からは「なぜ付き合っているのだろう」と不思議に思われるカップルです。いつもバラバラで行動していたり、会話がかみ合っていなかったりと、恋人らしく見えないためにそう思われるのでしょう。あからさまに仲の良い関係ではないものの、ひとりの時間を大切にし合えるふたりだからこそ、無理なく良いバランスで恋人関係を続けられます。ただ、自分のことがわからない一白水星同士のカップルは、どこで熱が冷めたのか当人同士もわからないことが多く、別れが突然訪れることも。

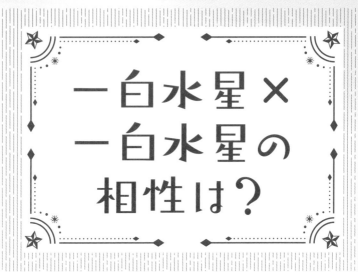

一白水星から
一白水星には

この
言葉

「肌が綺麗だね」

肌の手入れをしっかりとおこなっていることが多い一白水星。似た者同士だからこそ、お互いがどんなところで努力しているのかもわかりあえるはず。そんなふうに頑張っている部分をほめられれば、誰もが素直に喜んでくれます。

一白水星から
一白水星には

これは
NG

「何考えてるかわからないよね」

一白水星が特に言われるのを嫌う言葉のひとつです。パートナーに対して仮にこう思ったとしても、同じ一白水星の相手からは「あなたもでしょ」と返されるだけなので、わざわざ口にしないほうがお互いのためでしょう。

デート&付き合いのトリセツ

一白水星は五行でいうところの水のエネルギーをもっています。同じ水のエネルギーをもったふたりでデートに行くなら、水に関わるスポットに出かけるのがいいでしょう。特に湖や水族館など、ひとりでものんびりと楽しめるような場所がおすすめです。「たまには刺激もほしい」と思った時には熱狂的になれるイベント、たとえばロックのライブなどに足を運ぶというのもいいかもしれません。それぞれが相手に合わせて無理をすることなく、自分の好きなように盛り上がれるので、一白水星の性分にも合っているはずです。

一白水星×二黒土星の相性は？

25%

ラブラブ度

残念ながら相性はあまり良くありません。ひとりで気ままに過ごしていたい一白水星と、お節介を焼いてしまう二黒土星のカップルはすれ違いが絶えないでしょう。一白水星がひとりでいると「かわいそう」と思ってしまい、かまってしまうのが二黒土星。さらに二黒土星は好きな人の性格や行動をすべて把握したがる傾向があり、束縛を嫌う一白水星にとってはストレス過多な関係を強いられることになりかねません。変化が苦手な二黒土星にとっても、環境によって趣味嗜好が変わる一白水星との暮らしに疲れてしまうケースが多いようです。

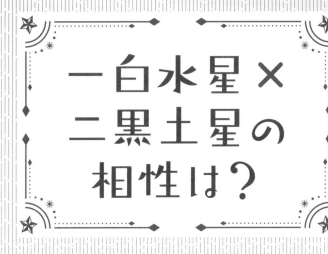

一白水星から二黒土星には

この言葉

「世話してくれてありがとう」

苦手なことを後回しにする傾向のある一白水星は、たとえば料理をする時も汚れた鍋やお皿を放置しがち。そんな時に後片付けを率先してやってくれるのが二黒土星です。ふだんの何気ないサポートに感謝の気持ちを伝えれば、二黒土星も喜んでくれるでしょう。

一白水星から二黒土星には

これはNG

「ついてくるな」

相手のことを束縛しがちな二黒土星は、どこに行ってもなぜか後ろをついてくる傾向にあります。一白水星にとって、うっとうしいと感じるでしょうが、悪いことをしているつもりがない二黒土星からすると、急に冷たい態度を取られるのは混乱してしまいます。

デート&付き合いのトリセツ

予定を立て、段取りまで計画する二黒土星はデートでも気合い十分。しかし、時間や予定にこだわらない一白水星は、その時の気分でドタキャンしてしまうケースもあり、それが原因で喧嘩になることも。あまりきっちりと決めてしまうより、デートの予定は一白水星に合わせるのが無難でしょう。おすすめのデートスポットは、それぞれが自分の興味を見つけやすい図書館や本屋さんです。十二支で見た場合は、二黒土星の申年と一白水星の酉年が意外に悪くありません。ただ、別れると二黒土星が未練から相手を傷つける恐れがあります。

一白水星×三碧木星の相性は？

83％

ラブラブ度

お互いに束縛を嫌うという点で無理に合わせる必要がなく、自然体でいられるふたりは、相性ぴったりです。されて嫌なこと、されたいことが共通しているので、喧嘩も少ないでしょう。お付き合いは、一白水星の色気に惹かれた三碧木星のひと目惚れから始まることが多いようです。会わない時間が長くても問題がないふたりは遠距離恋愛でも心配なさそうですが、流されやすく、異性にモテる一白水星は、放っておくとどこで浮気をするかわかりません。恋愛においても結婚においても、いつも会える距離で過ごせば関係は末長く続くでしょう。

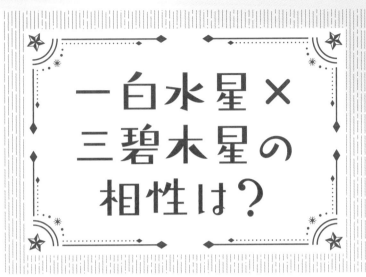

一白水星から
三碧木星には

この言葉

「やることが速いね」

一白水星は行動が遅い側面があるので、三碧木星の行動力に憧れをもっていることも。行動力の速さを一番に考えている三碧木星にとっては、一番うれしいほめ言葉です。「出かける準備が速い」とか「仕事が速い」などと、具体的な点をほめてあげるのがいいでしょう。

一白水星から
三碧木星には

これはNG

「速すぎる」「私のペースに合わせて」

自分のペースを乱されるのを何より嫌う三碧木星にとって、一番イライラさせられる注文でしょう。それぞれ自分のペースで行動できるふたりなので、あえて歩幅を合わせようとしないほうが、かえって関係を良好に保てるはずです。

デート&付き合いのトリセツ

目的地で遊ぶことが重要な三碧木星の理想のデートプランは現地集合、現地解散。自然とひとりの時間をもてるので、一白水星にも理想のプランと言えるでしょう。水のエネルギーの一白水星と雷のエネルギーの三碧木星が出かけるなら、海や水族館などがおすすめです。ふたりが唯一合わない点といえば、歩く速さ。一白水星には歩くのが遅い人が多いので、三碧木星の手を握って、おいていかれないように行動するのもいいでしょう。それで歩くのが遅くなっても、三碧木星は大好きな一白水星のために喜んで手をつないでくれるはずです。

一白水星×四緑木星の相性は？

81%

ラブラブ度

五行の関係から見ると、「水」が「木」を育てる関係にあるので、相性は良いと言えます。どちらも流れに逆らわない性格であり、こだわりや執着が少ないため、ぶつかることもあまりないでしょう。デート先でハプニングが起きても、あわてず柔軟に対応できるふたりなら臨機応変に対応できるので、どんな時もおおらかで楽しい時間を過ごせるはずです。問題は、互いに計画を立てることが苦手で、思いつきでの行動が多い点。目標を定めるのが苦手なふたりは、関係に進展が見えず、ダラダラとお付き合いを続けてしまう可能性もあります。

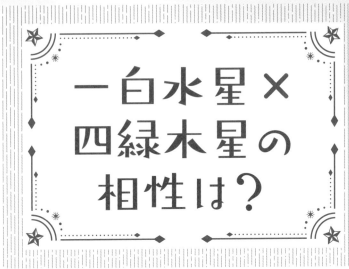

一白水星から
四緑木星には

この言葉

「人付き合いが上手だね」

一白水星はもともとコミュニケーション能力が低く、自分の気持ちを相手に伝えるのも苦手なタイプ。交友関係が広く、人に合わせることができる四緑木星の特徴は自分にはないもの。そんな違いを認め、素直にほめてあげることで四緑木星も喜んでくれます。

一白水星から
四緑木星には

これはNG

「本当の友達いるの？」「親友いる？」

幅広い交友関係をもっているために、一人ひとりとの関係が浅いと思われがちな四緑木星。言葉がシンプルでストレートな一白水星にこう言われると、イラッとして悲しい気持ちになるでしょう。四緑木星が無理に我慢すると、すれ違いから自然消滅にもなりかねません。

デート&付き合いのトリセツ

一白水星はひとりで過ごす時間がないと、ストレスがたまります。四緑木星にはひとりの時間をつくりたいと伝えておくのがいいでしょう。相手の気持ちを敏感に感じ取るのが得意な四緑木星なら上手に合わせてくれるはずです。デートも四緑木星にリードしてもらうとうまくいきやすく、交友関係が広くてトレンドに敏感な四緑木星なら素敵な場所に連れていってくれます。特にいいのは、さわやかな風が吹く高原。食べ物は、体の弱い一白水星に合わせて刺激物を避けるのが○。ふわふわのシフォンケーキなどもおすすめです。

一白水星×五黄土星の相性は？

18%

ラブラブ度

水のエネルギーをもつ一白水星からすると、五黄土星のマグマのような土のエネルギーは刺激が強過ぎるため、悪い影響をもらうことが多いようです。五黄土星はもともと支配欲が強く、恋人を束縛する傾向もあり、縛られるのが苦手な一白水星とは相性が良くありません。しかも、一白水星はつかみどころがなく、周囲の人間関係によって常に趣味嗜好が変化するタイプなので、相手を知り尽くしたい五黄土星からもストレスの多い関係性にあります。関係を良好に保つには、一白水星が相手の要求に合わせて行動する必要があるでしょう。

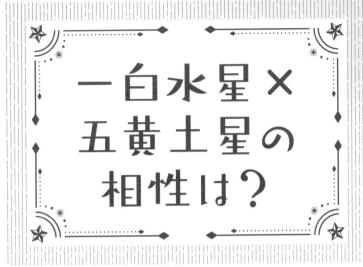

一白水星から五黄土星には

この言葉

今起きたことを素直にほめる

五黄土星はほめられると、変に裏を勘ぐってしまうタイプ。一白水星も演技が下手なので無理してほめるとたどたどしくなってしまい、相手から下心がないかと疑われてしまいます。無理にほめようとせず、いいところを見つけた時に素直にほめるのが一番です。

一白水星から五黄土星には

これはNG

「強引だね」

基本的にリードされるのが好きな一白水星ですが、気まぐれな面もあり、引っ張られすぎると嫌になることも。どこまでならリードしていいのか、五黄土星に見極めてもらう必要がありますが、相性の良くないふたりにはなかなか難しいかもしれません。

デート&付き合いのトリセツ

デートは五黄土星がリードするほうがいいでしょう。問題は、ふたりの趣味が合わないので、どちらに合わせても一方が楽しめないことが多い点です。五黄土星はテンプレートなプランを好みますが、一白水星は変化を求めます。もしデートがマンネリ化してきたら、五黄土星に行きたい場所を伝えてみてください。頑固な面もある五黄土星ですが、一白水星が相手の好きそうなスポットを選んであげることで、素直に話を聞いてくれる期待もあります。目標を決めることが苦手な一白水星も、関係維持のために少しだけ頑張ってみましょう。

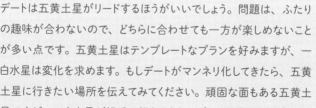

一白水星×六白金星の相性は？

75%

ラブラブ度

相性は悪くありません。六白金星がリードする関係性になりやすいのが特徴です。六白金星がまじめすぎるので一白水星は堅苦しいと感じる面もありますが、ふたりでいる時間に居心地の良さを感じることのほうが多いようです。六白金星は束縛することも少ないので、自由でいたい一白水星と相性が良いのです。関係は無理せずとも良好に続けられるでしょう。ただ、グラスの置き方や靴の並べ方などの細かい部分で、六白金星が自分ルールを押し付けるようになってきたら危険信号。一白水星は相手に振り回されすぎないように気をつけて。

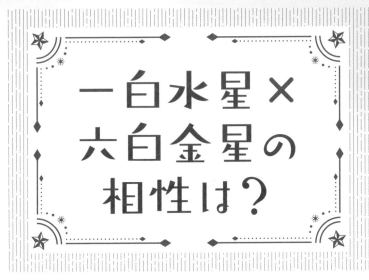

一白水星から
六白金星には

この
言葉

「頼りになるね」

人に頼られることが好きな六白金星が喜ぶほめ言葉です。いつもリードしてくれることへのお礼も含めて伝えてあげれば、相手はさらに喜んでくれるでしょう。なかなか自発的に意思表示をしない一白水星ですが、時には自分から伝える努力をすることも大切です。

一白水星から
六白金星には

これは
NG

曖昧な表現や いい加減な対応

相手に悪いことをしても「ごめんね」のひと言で済ませてしまいがちなのが一白水星。「なんで遅刻したの」など聞かれた時にいい加減な対応をすると、厳格な六白金星を怒らせてしまいます。しっかり言葉にして説明してあげれば、六白金星は納得してくれます。

デート&付き合いのトリセツ

一白水星は基本的にデートの場所にこだわりはないので、お出かけは六白金星の好みに合わせるのがいいでしょう。六白金星は歴史的なものや神聖さを感じられるスポットに魅力を感じますので、一白水星がリードするならお城や古墳めぐり、他にも神社や仏閣ははずれがないでしょう。ただし、すべてを六白金星に合わせようとするのは禁物。一白水星はストレスでメンタルが落ち込んでしまっても、自分ではなかなか気付くことができません。取り返しがつかなくなる前に、自分の好きなことをする時間も大切にするようにしましょう。

一白水星×七赤金星の相性は？

88%

ラブラブ度

相性は抜群です。一白水星はもともとコミュニケーションが苦手。そのため、付き合いが上手で自分をカッコ良く見せるのが得意な七赤金星に憧れをもっています。相手に合わせることが得意な七赤金星なら、自由気ままな一白水星とも上手に関係を育めるでしょう。相性の良いふたりですが、七赤金星がお節介を焼いてくれなくなったら破局のサイン。七赤金星は相手に喜んでもらいたい一心なので、反応がないと気持ちが冷めてしまいます。一白水星はそんな七赤金星に甘え過ぎず、感謝の気持ちを伝える習慣を心がけましょう。

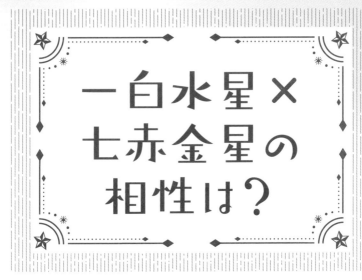

一白水星から
七赤金星には

この
言葉

「いつもありがとう」

世話焼きな七赤金星は、何かと一白水星に気をつかってくれます。そんなふだんの気づかいにお礼を言うだけで、七赤金星は目一杯喜んでくれるでしょう。お礼へのお礼をしようと、それまで以上に一白水星に尽くしてくれるようにもなります。

一白水星から
七赤金星には

これは
NG

「それやってて楽しいの？」

相手を喜ばせようと頑張っている七赤金星の取り組みに「それ面白い？」などと声をかけるのはNG。七赤金星は水を差されたと感じます。記念日のデートプランもサプライズイベントも、本人が楽しんでやっていることなので、口出しはしないことをおすすめします。

デート&付き合いのトリセツ

デートは七赤金星にまかせましょう。計画性があり、何よりプランを立てることを楽しめる七赤金星なら、とびきり素敵なデートプランを考えてくれます。おすすめのデートスポットはおしゃれなバーなど。飲み方は下手でも、お酒の好きな一白水星に上手な楽しみ方を教えてくれるのが七赤金星です。アクティビティなら釣り、特に自然のなかで行う渓流釣りなどがいいでしょう。ふたりでゆっくりおしゃべりを楽しむのも良し、のんびり穏やかに過ごすのも良し。相性の良いふたりなら、静かな時間も楽しく感じられるはずです。

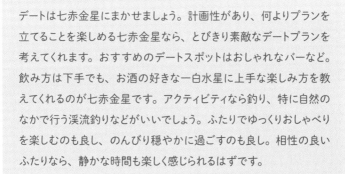

一白水星×八白土星の相性は？

21%

ラブラブ度

九星でももっともレアケースなカップルと言えるでしょう。ふたりは気分の上がり下がりのタイミングにズレがあるので、喧嘩に発展することが多いようです。お互いに表情に乏しく、無表情で過ごす時間が多いので、はたから見ると喧嘩しているのでは？と疑われることも。ただ、八白土星は身内に甘く、溺愛する傾向にあるので、一白水星に惚れ込んでくれれば、長続きする関係になれるかもしれません。特に関係が近い人をひいきする八白土星の場合、幼なじみや学校が同じなどの関係にあると、うまくいく可能性が高いようです。

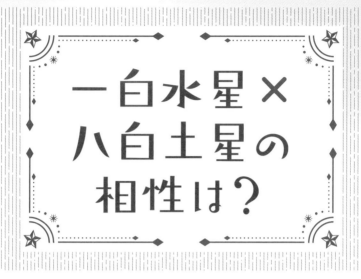

一白水星から
八白土星には

この言葉

「笑顔がかわいいね」

表情が乏しいと言われがちな八白土星。自分では表情豊かだと思っているところもあるので、一白水星からこのように言われると、自分のことをちゃんとわかってくれていると感じるようです。また、シンプルに「優しいね」などの言葉も効果は絶大です。

一白水星から
八白土星には

これはNG

「怒ってるの？」

もともと怒っていなかったとしても、こう聞かれてイラッとしてしまい「怒ってないよ」と言い返してしまうのが八白土星。表情が乏しいのを勘違いされると、ムカッと感じるようです。もし本当に怒っていたとしても、ストレートな表現は避けたほうがいいでしょう。

デート&付き合いのトリセツ

お決まりのデートコースをひとつ用意したうえで、時にはふだん行かない場所へ出かけるようにしましょう。八白土星はデートにあまり変化を求めませんが、一白水星はマンネリ化するとストレスがたまってしまいます。一白水星が自分の好みの場所へデートに行くのもおすすめですが、あえてふたりとも行かないような流行りの場所や街を訪れるのもいいかもしれません。お決まりのデートコースでは、喧嘩しても仲直りできる場所として、お互いのことをあらためて大切に思えるような場所をつくっておくのが理想です。

一白水星×九紫火星の相性は？

15%

ラブラブ度

かまってほしい九紫火星と、周囲に対して興味がない一白水星の相性は特に良くありません。九紫火星は常に自分の変化に気付いてほしいタイプ。髪の色を変えたり、ヘアアレンジをしたりしてアピールしますが、いちいちかまってあげることが一白水星にとっては面倒くさいことこの上ないのです。気付いていても言葉をかけないことも多いのが一白水星の特徴で、そっけない態度をとられると、メンタルが繊細な九紫火星は落ち込んでしまいがち。ふたりの関係を良くするには、時おり一白水星が寄り添ってあげるといいでしょう。

一白水星から九紫火星には

この言葉

「変わったね」「それセンスいいね」

九紫火星がアピールしているポイントに気付いたら、すぐにほめてあげるのが一番です。一般的に一白水星はほめるのが苦手ですが、陽気な性格で余裕のある酉年生まれは合わせ上手。子どもっぽい九紫火星の期待にこたえてあげることができるでしょう。

一白水星から九紫火星には

これはNG

「太ったんじゃない？」

一白水星は自分が太った場合もかまわず言ってしまうストレートなところがあり、よけいに相手を怒らせることが多いようです。特に午年生まれの一白水星は、相手を怒らせても言い逃がれする傾向があります。相手を嫌な気分にさせるだけなので、要注意です。

デート&付き合いのトリセツ

デートは一白水星がリードするといいでしょう。九紫火星に合わせ、炎を見ながら食事ができる火鍋やバーベキュー、サムギョプサルなどがおすすめ。九紫火星は独自のこだわりがあるので、一白水星のおすすめを素直に聞かないこともあるかもしれません。そんな時は、相手のことを気づかっているような言葉をかけてあげれば喜んでついてきてくれるはず。たとえば「体を温めるとあなたの運気が上がるって聞いたよ」など。かまってちゃんな性格の九紫火星は自分のことを考えてくれたと素直に喜び、デートに付き合ってくれるでしょう。

二黒土星《じこくどせい》の人

母性にあふれた優しさを併せもつ、隠れた恋愛上手

あなたはきっとこんな人

母親のようなイメージをもつ二黒土星の人は、思いやりと包容力にあふれた穏やかな性格の持ち主です。地味で派手さはありませんが、人のお世話が得意な星なので、まわりから慕われることが多いでしょう。また、九星のなかでも、もっとも連絡をまめにやりとりする二黒土星は、目立たないところでモテるタイプです。一方で、人のサポートが得意であるため、リーダーシップをもって行動するのは苦手な傾向にあります。恋愛においても主導権を握ろうとするより、相手に合わせるほうが心地よい関係性をつくりやすいかもしれません。

そんなあなたの恋愛は？

家庭的な一面をもつ二黒土星は、恋愛と結婚を同じものとして考えがち。付き合ったらすぐに結婚の話をしてしまうところがあります。変化を好まないタイプでもあるので、恋愛においてドキドキするような展開は少なく、そのために飽きられてしまうことも。また、お世話好きな二黒土星は、相手を甘やか

二黒土星と相性のいいベスト3

1位	六白金星	相性抜群！ 欠点を補いあえる理想的な関係に！
2位	五黄土星	世話好きと、自分大好きさんの仲良しカップル！
3位	七赤金星	互いに思いやり、高め合える愛情たっぷりのふたり！

しすぎてダメ男、ダメ女を作ってしまう傾向が強いかもしれません。束縛が強いほうでもあるので、好きな人を縛りつけてしまいがち。相手を独占しようとせず、ひとりの時間も大切にしてあげることが関係を長持ちさせる秘訣です。

出会いのパターンは？

家族や知人の紹介で出会った人と恋愛に発展するケースが多いようです。お見合い結婚で成功する確率が高いのも二黒土星の特徴。まずは信頼できる人からの紹介を待ちましょう。

ラブラブ期はこんな感じ

二黒土星の人は料理上手が多いので、パートナーの胃袋をつかむのが得意。ラブラブ期はおうちデートで手料理を楽しむのがいいでしょう。ただし、恋愛を結婚の前段階と考えがちな二黒土星の恋愛はのんびりまったりしたお付き合いになることが多く、相手に飽きられがち。たまには外に出かけて変化を楽しむことが、関係を良好に保つためには必要でしょう。

破局はこうして訪れる

家庭的で母性の強い二黒土星の場合、パートナーを甘やかしすぎて「お母さん代わり」になってしまうことが破局の主な原因です。結婚後の話ばかりをしてしまうために、異性として見てもらえなくなってしまうことも。まったりした恋愛をすることが多い二黒土星の場合、パートナーがドキドキ感を求めて別の人に浮気してしまうことも多く、要注意です。

十二支による違いをチェック

地味で落ち着いた性格の二黒土星ですが、申年と巳年は華美な恋愛に発展しやすい特徴をもっています。申年と巳年はどちらも目移りしやすいタイプで、二黒土星のまめに相手を思いやる特徴を備えているので変にモテてしまい、浮気を繰り返す傾向にあります。

ラッキーナンバー

13

憧れの先輩に恋をするようなキラキラした心を育てる数字。地味になりがちな二黒土星の恋愛にドキドキ感をプラスしてくれます。

ラッキーカラー

グリーン

派手さはなくとも、優しさにあふれるグリーンは、家庭的な二黒土星の個性を生かした落ち着いたカラーです。

ラッキーアクション

料理をふるまう

特技を生かして、好きな人にアプローチするのもいいでしょう。相手が、食事を通して、あなたの魅力にあらためて気付いてくれるチャンスになるかもしれません。

ラッキーアイテム

ハンカチ

お母さんのように、人のサポートに回るのが得意な二黒土星のラッキーアイテムはハンカチ。必要な時に、さっとハンカチを出してあげると、相手に好印象を与えられます。

掃除するといい場所

キッチン

キッチンはお母さんがいるイメージ。母性あふれる二黒土星にはぴったりの場所です。運気を上げるためにも、掃除をこまめにしておくのがいいでしょう。

二黒土星×一白水星の相性は？

25%

ラブラブ度

お世話好きの二黒土星とひとりが好きな一白水星の相性は良くありません。二黒土星は世話好きな性格から、相手のことを何でも把握したがる傾向にあり、一白水星に対しても相手の全部を知ろうとします。ですが、一白水星は水のように止めどなく変化する特徴をもっているので、性格も言動も急に変わってしまうことがしばしばあります。変化を嫌う二黒土星はそんな一白水星の相手をすることに疲れてしまいがち。一白水星の側も、ひとりになりたい時に二黒土星からかまわれてしまうことに、嫌気がさしてしまうことが多いでしょう。

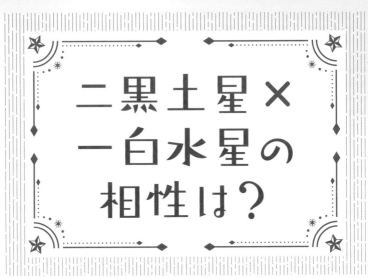

二黒土星から一白水星には

この言葉

「色気があるね」

一白水星は九星のなかでもダントツに色気のある星。ほめるなら、一白水星の持ち味でもある色気について言うのが無難でしょう。しかし、一白水星自身が自分の色気に気付いていないことが多いので、ほめても手ごたえがない場合があるかもしれません。

二黒土星から一白水星には

これはNG

「話聞いてる？」

二黒土星が一白水星と付き合う際に念頭におくべきことは、「一白水星がかまってちゃんではないこと」です。お世話好きの二黒土星は、ぼうっとしている一白水星を「不思議ちゃん」だと思ってかまってしまう傾向がありますが、逆効果になりますので気をつけましょう。

デート&付き合いのトリセツ

デートをするなら一白水星に合わせるのが得策でしょう。変化が苦手な二黒土星はお出かけをするにも、ついつい同じお店を選びがち。たまには一白水星の選んだ場所に行き、刺激のあるデートを楽しむのがおすすめです。そんなふたりにぴったりなスポットはそれぞれの時間を楽しめる図書館や映画館。また、基本的に相性の良くないふたりですが、二黒土星の申年と一白水星の酉年は相性が良いと言われています。酉年の一白水星の色気に振り回されることで、目移りしやすい申年の二黒土星も浮気をせずに恋愛を楽しめるでしょう。

二黒土星×二黒土星の相性は?

50%

ラブラブ度

もっともアクティビティから遠いカップル。相性は良いとも悪いとも言えませんが、穏やかな性格の持ち主同士なので、気がついたら長続きしているカップルになる傾向にあります。どちらも変化が苦手で、見知った場所に出かけるのが好きなため、デートはほぼ決まったパターンになります。おうちでゆったり過ごすことが好きな二黒土星同士なので、どちらかの家でおうちデートをするのがお決まりになるでしょう。穏やかな日々を楽しく過ごせるカップルなので、ドキドキしないルーティンのデートになっても問題はありません。

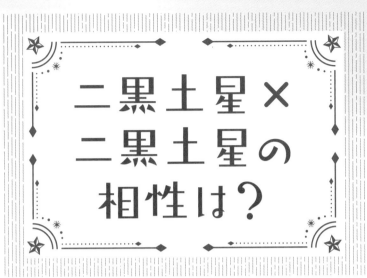

二黒土星から
二黒土星には

この言葉

「料理上手だね」

同じ二黒土星同士なら、得意なことを把握するのも難しくないはず。「料理上手」というほめ言葉に加えて「味付けが上手だね」「手際がいいね」など具体的にほめる箇所を増やしてあげてください。具体的であるほど「自分を見てくれている」という信頼につながります。

二黒土星から
二黒土星には

これはNG

「お母さんみたい」

二黒土星は家庭的ゆえに異性として見られないことも多く、それをコンプレックスに感じている傾向があります。家庭的な一面をほめるとしても、お母さん扱いするのはダメ。それよりも「料理がうまい」「家事の手際が抜群」など表現を工夫してほめましょう。

デート&付き合いのトリセツ

二黒土星は特に記念日を大切にするタイプなうえ、計画的な性格なので、大きなイベントがある時は前もって準備をしてくれます。同じく記念日好きな星に九紫火星がありますが、ユニークな記念日をつくりがちな九紫火星に比べ、二黒土星の場合は誕生日や付き合い始めた日など身近な記念日が多いので、忘れてしまって喧嘩になるようなこともあまりありません。ただし、準備を手伝ってくれないと不満がたまり、喧嘩につながることもあるので、お互いに協力は惜しまず、大切な日を一緒に楽しむ気持ちをもっておくことが大切です。

二黒土星×三碧木星の相性は？

21%

ラブラブ度

お互いのスピード感が違うために相性が良くないふたり。ゆったりしている二黒土星とスピーディな三碧木星は、どうしてもすれ違いを起こしがちです。また、結婚を前提とした恋愛を何より大事にしている二黒土星とは対照的に、三碧木星は仕事を第一と考えるところがあります。二黒土星からすれば、家庭をかえりみないで仕事や趣味に没頭してしまう三碧木星に不信感を抱きやすいでしょう。三碧木星としても、自分のやりたいことに口を出されることに不満やストレスが募るようになり、喧嘩に発展してしまうことも少なくありません。

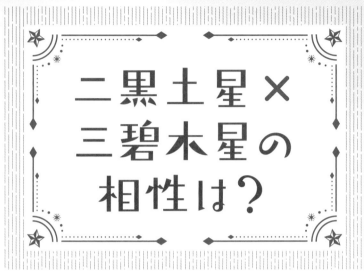

二黒土星から三碧木星には

この言葉

「先に行っていいよ、後から合流するから」

二黒土星は、行動が速い三碧木星に無理に追いつこうとしないことが大切です。もともとスピード感が合わないふたりなので、無理をすると喧嘩に発展しかねません。また、三碧木星は縛られるのが大の苦手。「自由にしていいよ」と言ってあげるほうが喜ばれます。

二黒土星から三碧木星には

これはNG

「しっかりして」「丁寧にしてほしい」

三碧木星は頼りがいがないと言われるのが嫌いです。縛られるのも苦手なので、やりたくないことを押し付けられることでイラッとなりかねません。してほしいことがある時は、お願いや命令のかたちではなく、提案するような言い方を心がけるのがいいでしょう。

デート&付き合いのトリセツ

恋愛重視の二黒土星と仕事や趣味重視の三碧木星は、デートのプランにおいてもうまくいきません。二黒土星はパートナーとふたりきりの時間を家でゆっくり過ごしたいと思うタイプですが、三碧木星は目的をもってどこかに出かけたいと考えるタイプ。正反対なふたりが楽しく休日を過ごすためには、家でできる目的をもったデートプランがおすすめ。ゲームを一緒にプレイしたり、DIYを一緒にやったりするのもいいかもしれません。二黒土星がふたりで何かをする時間を目的にすれば、喧嘩をしないで楽しく過ごせるはずです。

二黒土星×四緑木星の相性は？

29%

ラブラブ度

五行の関係から見ると、「土」と「木」のエネルギーをもったふたりの相性は良さそうに思えます。しかし、居場所を決めて落ち着きたい二黒土星と、風のようにさまざまな場所を渡り歩く四緑木星の性質は正反対で、実際の相性は良くありません。家庭をつくって安心したい二黒土星は周囲からの視線を気にしなくなるので、外見をおろそかにしがちですが、トレンドを追うのが好きな四緑木星から見ると残念に感じます。いろいろな場所に出かけたい四緑木星が無理に連れて行こうとして、二黒土星が疲れてしまうことも少なくありません。

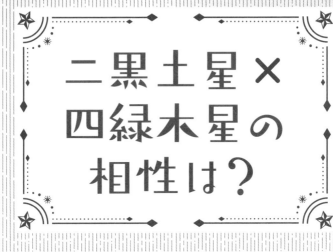

二黒土星から
四緑木星には

この言葉

ふだん通りほめてあげる

二黒土星はほめ上手でもあります。気づかいができて、人のことをよく見ているので、四緑木星のことも自然とほめているはず。「友人が多いね」「気づかいが上手」など、性格をしっかり理解した言葉をかけてあげれば、四緑木星は素直に喜んでくれます。

二黒土星から
四緑木星には

これはNG

「あの子とどんな関係？」

二黒土星は何でも把握しておきたいタイプなので、四緑木星の交友関係もすべて把握しようとしがち。しかし、四緑木星は束縛されるのを嫌います。自分が好きで付き合っている友人関係に探りを入れられたり、文句を言われたりすることにイライラを覚えるでしょう。

デート&付き合いのトリセツ

出かけるのが苦手な二黒土星にとって、流行りの場所に遊びに行くのが好きな四緑木星とのデートは疲れてしまいがち。お互いにゆずり合う姿勢が大切です。目安として、デートの3回に1回はふたりで外に出かけるようにしましょう。おすすめのデートスポットはおしゃれな古民家カフェ。騒がしいのが苦手な二黒土星、おしゃれが好きな四緑木星、どちらにも楽しい時間が過ごせる場所になるはずです。喧嘩をした時は四緑木星に謝ってもらうばかりでなく、二黒土星から仲直りができるように相手を許す気持ちをもつようにしましょう。

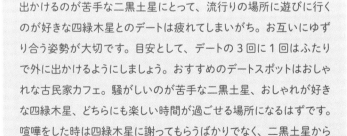

二黒土星×五黄土星の相性は?

78%

ラブラブ度

お世話をされるのが好きで、刺激的な恋愛が好きな五黄土星は、二黒土星の嫉妬や束縛も喜んで受け入れます。幼い一面をもち合わせた血気盛んな五黄土星と、母性あふれるサポート気質の二黒土星は性格的にもぴったりの相性と言えるでしょう。付き合いが長続きするふたりですが、おとなしい二黒土星との付き合いは、五黄土星にとって物足りなく感じてしまうことも。気ままで飽きっぽい五黄土星が浮気をしてしまうことも珍しくありません。それでもふたりの関係が続くのは、二黒土星が浮気を許してあげることが多いからです。

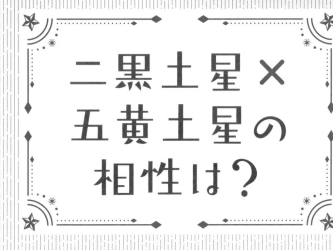

二黒土星から五黄土星には

この言葉

「頼りがいがある」

五黄土星の決断力と求心力は、九星のなかでも一番。強いリーダーシップを自覚している五黄土星にとって、人に頼られるのは当然でもあり、うれしいことでもあります。ただ、ほめすぎると裏があるのでは？と思われてしまうので、無理にほめたてるのは禁物です。

二黒土星から五黄土星には

これはNG

「ちっちゃいね」「弱虫」

オレ様気質の五黄土星が一番言われたくないセリフです。人の上に立ちたいという願望をもっているため、「人より器が小さい」「人より弱い」と指摘されるのを極端に嫌います。二黒土星としては、たとえこう思ったとしても、言葉にしないのが得策でしょう。

デート&付き合いのトリセツ

相性の良いふたりはデートも楽しく過ごせるでしょう。五黄土星は仕事や趣味でエネルギーを使っている分、二黒土星との落ち着いた時間を大切に感じます。まったりした時間のなかでも、ホラー映画を観たり、アクションゲームを一緒にやるなど、何かに打ち込む時間を共有できればなお楽しい休日になるはずです。二黒土星が五黄土星と付き合ううえで気にするべきはお金で、浪費癖のある五黄土星にお金を貸さないこと。また、付き合ったからといって安心して世話を焼かなくなると、五黄土星に愛想をつかされる危険性もあります。

二黒土星×六白金星の相性は？

93%

ラブラブ度

相性は抜群です。特に戌年の六白金星と寅年の二黒土星の相性は最高。六白金星は厳格な性格の持ち主が多く、二黒土星は包容力のある人が多いことから、ふたりの関係は欠点を補い合える良いバランスにあります。六白金星の厳しい態度を上手にコントロールできるのが二黒土星の特徴。愛情をもって伝える指摘なら、六白金星も素直に応じてくれます。ただ、ふたりとも付き合うとすぐに家庭的になってしまう面があり、お互いを異性として見られなくなると危険信号。ドキドキできる関係性を保つため、身なりを気づかうのも大切です。

二黒土星から
六白金星には

この言葉

「そっちが正しいね」
「頼りがいがある」

六白金星は、正しいことを言ったと認められたがる傾向があります。最後まで話を聞いてあげて、納得したら「そうだね」と返してあげると喧嘩にならずにすみます。また、困ったことがあった時はすぐ頼るようにすると、喜んで手伝いを買って出てくれるでしょう。

二黒土星から
六白金星には

これはNG

「私が正しかった」
「こういうことでしょ？」

言い合いになると、二黒土星は六白金星が話す正論に同じ意見で返して「私が正しい」と主張したり、先に相手が言いたかったことを言ってしまう傾向があります。六白金星は自分の意見を横取りされるのを嫌うので、この手の反論はしないほうがいいでしょう。

デート&付き合いのトリセツ

デートなら、二黒土星が六白金星の行きたい場所について行ってあげるのがおすすめ。本来は家でゆっくりしていたい二黒土星ですが、理論的な六白金星が駄々をこねると口論に発展してしまいます。相手に合わせることが得意な二黒土星が相手の希望に寄り添ってあげるほうが関係は円満に続くでしょう。相手の世話をするつもりでいると、ついて行くのも楽しいと感じられるはずです。六白金星は高級志向が強いので、ステータスが高い場所を好みます。また、歴史的世界遺産などスピリチュアルな場所にも興味があるので、デートにおすすめ。

二黒土星×七赤金星の相性は？

75%

ラブラブ度

「土」と「金」のエネルギーをもつふたりは、五行の関係で見ると相性抜群。お互いに世話焼きですが、世話を焼きたい部分が違うので、自然と相手を補い合える関係になれます。二黒土星は日常における家事や生活の側面で世話を焼くのが得意。対して七赤金星は人にモテるために必要な外見の部分をお世話するのが得意な星です。それぞれを補い、高め合える関係なので、まわりから見てもお似合いのカップルとしてうらやましがられるでしょう。ただ、七赤金星の影響でおしゃれになった二黒土星が浮気をしてしまうケースもあります。

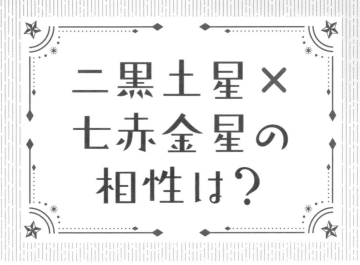

二黒土星から
七赤金星には

この
言葉

「気づかいが上手だね」

気づかいのできる二黒土星にこうほめられると、七赤金星もうれしいはず。七赤金星の気づかいはさりげなく、人に気付かれない部分も多いので、人をよく見ている二黒土星だからこそ言えるほめ言葉でもあります。

二黒土星から
七赤金星には

これは
NG

「あの子と付き合うのやめたら？」

二黒土星がやりがちな失敗は、七赤金星の交友関係に口を出してしまうこと。七赤金星は、時にハメをはずしがちな友人関係をつくる傾向があります。清廉潔白な付き合いを求めがちな二黒土星は親切でこう言うのですが、相手にとってはいらぬお節介に感じられます。

デート&付き合いのトリセツ

気づかいができて相手に合わせがちなふたり。お互いに合わせることに疲れてしまうこともあるので、無理なく気づかいができるように順番を決めて、お互いが好きな場所にデートに行くのをおすすめします。なかでも記念日デートは二黒土星にまかせるのがいいでしょう。計画的な段取りが上手な二黒土星は大切な日のデートプランを、七赤金星も満足するように上手に組んでくれます。対して七赤金星はサプライズが得意。おもてなしをするのもされるのも好きな二黒土星と七赤金星なら、イベント満載の楽しいデートになるはずです。

二黒土星×八白土星の相性は？

58%

ラブラブ度

相性の合う、合わないの落差が激しい関係です。八白土星は意思が固く頑固な性格ながら、気まぐれな一面もある難しいタイプ。二黒土星が八白土星のパートナーと子育て観やお金の感覚など、同じ価値観をもてれば相性はぴったりでしょう。一方、恋愛だけで付き合うと相性は悪くなりがちなので、結婚を前提にしたお付き合いがいいでしょう。たとえば、マイホームのことなどを最初に決めておいたりすると、付き合いも長続きします。ちなみに八白土星の寅年は二黒土星に束縛されすぎて個性を失うので、相性はあまり良くありません。

二黒土星から八白土星には

この言葉

「真面目だね」

自他ともに認める真面目な八白土星。自分の長所をしっかり把握してくれる二黒土星の言葉なら、素直にうれしいと受け入れるでしょう。これに「優しいね」と付け加えてあげれば、よりいっそう喜んでくれます。

二黒土星から八白土星には

これはNG

「何考えてるかわからない」

無愛想さが原因で「怖い」という印象を抱かれやすく、考えが読み取れないと言われがちな八白土星。一方で二黒土星は感情に素直で、いきなり思ったことを口にする欠点があります。二黒土星からこう言われると、八白土星は「お前もだ」と言い返したくなるようです。

デート&付き合いのトリセツ

付き合う時に気にするべきは、「ゴール」を定めること。八白土星も二黒土星もお互いを振り回してしまいがちですが、同じ目的地を共有することで協力し合える関係になれます。おすすめのデートはおうちでまったり過ごすこと。八白土星も二黒土星もフットワークが軽いわけではないので家で過ごすほうがリラックスできます。二黒土星は特におうちデートが好きなので、それでも飽きないようにDIYやゲームを一緒にしたり、手料理を振る舞って食事を楽しむなど、目的を決めておくと、八白土星も不満なく楽しく過ごせるでしょう。

二黒土星×九紫火星の相性は？

71%

ラブラブ度

面倒を見たい二黒土星と、自分だけを「よしよし」してほしい九紫火星のふたりは、良好な関係を築けるでしょう。二黒土星は観察力に優れているので、九紫火星のちょっとした変化も見逃しません。かまってほしい九紫火星にとっては、何から何まで世話を焼いてもらえるのがうれしくてたまらないはずです。ただし、おしゃれに無頓着で変化を求めない二黒土星に、九紫火星が飽きてしまう心配も。九紫火星は自分のセンスを取り入れてほしいタイプなので、二黒土星は小物や服の色に少しずつ相手の好みを反映させていくといいでしょう。

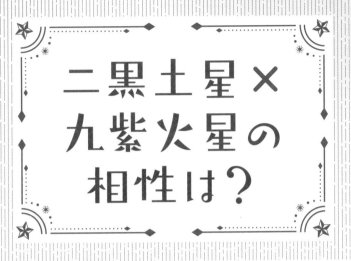

二黒土星から九紫火星には

この言葉

「センスいいね」

九紫火星は、自分のお気に入りの所持品をほめられるのが何より好きな人。小物やこだわりのアクセサリー、ヘアスタイルなどに気付いてほめると効果抜群。ちょっとした変化でも見抜ける二黒土星なら、それも難しいことではないでしょう。

二黒土星から九紫火星には

これはNG

「太った？」

相手の変化にめざとく、なんでも気付いてしまう二黒土星だからこそ起こしてしまう失敗です。ナルシストな九紫火星は、たとえ自分が太っていても指摘されたくないタイプ。太ったなと感じても、よほどのことでない限り指摘するのは避けるほうがいいかもしれません。

デート&付き合いのトリセツ

二黒土星と九紫火星は親子のような関係になりがち。移り気で活発な九紫火星は異性として見られなくなった二黒土星から目移りして、浮気してしまうことも。付き合い始めの頃の気持ちを思い出すため、初めてのデートスポットを定期的に訪れるのがいいかもしれません。九紫火星は一過性の感情に飲まれ、すぐに浮気をしたり別れ話をもち出したりすることがあります。二黒土星は九紫火星の気まぐれに振り回されないこともはもちろん、相手を惹きつけるためにも流行を取り入れたファッションを意識するのが良いでしょう。

三碧木星《さんぺきもくせい》の人

恋も仕事もスピード勝負、我が道をゆく行動家

あなたはきっとこんな人

雷の属性を持つ三碧木星の人は、九星のなかでも抜群の行動力とスピードをあわせもちます。一方で、協調性が低い側面もあり、他人に歩幅を合わせるのが苦手なので、個人行動が目立ちます。仕事などで「あの子はひとりで大丈夫」と思われてサポートしてもらえないこともあるかもしれません。ひとりの状況を楽しめるのが三碧木星の人の特徴でもあるので、その点を思い悩む必要はありませんが、時には誰かを頼ったり、アドバイスに耳を傾けるのもいいでしょう。周囲の人を巻き込むことでより大きな目標を達成できるかもしれません。

そんなあなたの恋愛は？

高い行動力を持つ三碧木星の人は、恋愛においても物事をスピーディに進めていきたいタイプ。好きな人ができたり、相手にアタックするのもあっという間です。また、失恋しても、くよくよ落ち込まず、すぐに立ち直って新しい恋を始められる〝打たれ強さ〟もあります。恋愛における弱点は、色気がちょっ

三碧木星と相性のいいベスト3

1位	一白水星	ひとりの時間を尊重し合い、自然体でいられる最高の相性！
2位	九紫火星	流行に敏感でおしゃれ、人がうらやむ華やかなカップル！
3位	四緑木星	三碧木星に足りない協調性を補ってくれるパートナー！

ぴり足りないところ。三碧木星の人は、自然界における朝日や雷のエネルギーをもっており、陽気で快活な性格から甘い言葉で誘惑するのが苦手です。好きな相手にアプローチしているのに、本気にされないことも少なくありません。

出会いのパターンは？

行動力にあふれているので出会いは多いほうですが、立ち止まることが苦手なので、ひとりの相手に集中できないタイプ。気が多く、なかなか恋愛成就に結びつかない面もあります。

ラブラブ期はこんな感じ

恋人ができても変化が少ないタイプです。三碧木星の人は恋愛と仕事をきっちり分けたいと考えるので、恋愛が成就しても個人行動が多いまま。付き合うことがゴールになっているので、恋人との甘い時間にはあまり興味がありません。せっかく付き合うようになったのに、会ってもそっけない態度なので、「興味あるの？」と聞かれてしまうことも多いようです。

破局はこうして訪れる

パートナーとの時間よりも自分の好きなことや趣味を優先しがち。そんな三碧木星の人が「本当に俺（私）のこと好き？」と聞かれたら危険信号。放置すると、相手に愛想を尽かされてしまいます。恋愛への興味が薄い三碧木星の人は恋人との連絡も少なめで、愛情表現もなかなかしません。「好き」と言葉に出すのも苦手なので、相手は不安が募りやすいのです。

十二支による違いをチェック

好奇心旺盛な辰年生まれの人は、三碧木星のもともともっている行動力が特に高い傾向にあり、失恋や破局を気にしない、さっぱりした性格です。また、我が道をゆく三碧木星のなかでも、未年生まれは他人に思いやりがあり、恋愛でも相手に合わせた行動ができます。

ラッキーナンバー

15

恋愛、愛情、思いやりの意味がこもった数字。三碧木星に足りない色気を補って、恋愛運を向上させてくれる力があります。

ラッキーカラー

マゼンタ

深い愛情のイメージをもつマゼンタカラーは、身に着ける人の五感や直感を鋭敏にさせる力を秘めています。

ラッキーアクション

人の話を聞く

自分のペースで行動する三碧木星にとっては苦手なことですが、人の話を聞いて周囲に味方をつくれば鬼に金棒。行動力と協調性をあわせもった、魅力的な人を目指しましょう。

ラッキーアイテム

ハンドクリーム

三碧木星は手足が弱点。素早い行動力をもっている三碧木星ほど運を「つかむ」ための手は大事にしなくてはいけません。乾燥対策を行い、恋愛運をしっかりキャッチしましょう。

掃除するといい場所

お風呂場

三碧木星は、判断や行動がせっかちすぎて思わぬ失敗を招くこともあります。立ち止まって考える機会をつくるために、長時間とどまるお風呂場を掃除するのがおすすめ。

三碧木星×一白水星の相性は？

88%

ラブラブ度

相性は抜群！　お互いに無理せず自然体で過ごせる最高の相性と言えます。多いのは三碧木星の人が一白水星の色気に惹かれて付き合うパターン。ともにひとりで行動することが多いので、周囲から見たら「本当に付き合っているの？」と思われがちですが、最も長続きするカップルです。ひとりでいる時間を大切にしていることが共通しているので、相手を尊重し合える良い関係性が育めます。そうした点で、「週末婚」を求めることが多いカップルですが、遠距離恋愛になると色気抜群の一白水星に浮気されることがあるので要注意です。

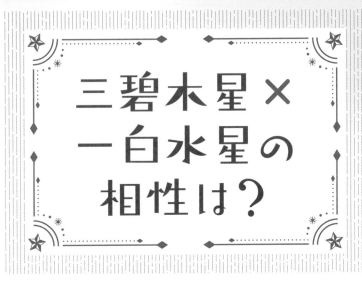

三碧木星から一白水星には

この言葉

「肌が綺麗だね」

一白水星は、肌の手入れに気をつかっている人が多い傾向があります。三碧木星は甘い言葉をささやくのが苦手なので、人の外見をほめることも得意ではありませんが、一白水星の肌ツヤや、メイクの細かな違いに気付いてあげられれば、きっと喜んでもらえるでしょう。

三碧木星から一白水星には

これはNG

「ねえ、話聞いてる？」

流れる水のように、環境の違いで態度を変える一白水星は、つかみどころがなく、不思議な人と思われがちです。ぼーっとしていることも多く、行動力の三碧木星はついつい聞いてしまいがちですが、本人は言われるとイラッとする発言のひとつですので、気をつけましょう。

デート&付き合いのトリセツ

一白水星は現地集合、現地解散のおでかけを楽しんでくれる貴重な存在。誰かと一緒に目的地へ向かうよりも単独行動で現地集合するほうが性に合っている三碧木星にとって一番理想的なプランで動けるでしょう。三碧木星は海との相性がいいので、デートスポットには海や水族館がおすすめ。歩くのが速い三碧木星の場合、ゆっくり歩く一白水星とはぐれてしまいがちなため、ふたりで行動するときはしっかり手をつないでおきましょう。甘いムードをつくるのが苦手な三碧木星も、手をつなげばデートのドキドキ感を自然に演出できます。

三碧木星×二黒土星の相性は？

23%

ラブラブ度

残念ながら相性は良くありません。二黒土星と付き合うと、三碧木星は「私と仕事（趣味）、どっちが大事なの？」と言われることがしばしば。三碧木星からすれば自分のやりたいことを邪魔されているように感じることでしょう。恋愛以外に目的を持っている三碧木星にとって、家庭や恋人を一番に考える二黒土星の言動は理解できないことが多いのです。行動がスピーディな三碧木星に二黒土星が追いつけないので、すれ違いも絶えません。せっかくふたりの時間を作っても三碧木星が趣味を優先してしまい、喧嘩に発展してしまうことも。

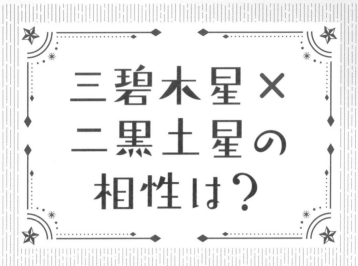

三碧木星から
二黒土星には

この言葉

「段取り上手だね」
「家庭的だね」

二黒土星は人のサポートが得意で、縁の下の力持ちのような存在です。三碧木星はひとりで何でもこなしてしまうので、ふだんは段取りの良し悪しを気にしないかもしれませんが、仕事のできる三碧木星が認めてあげることで、二黒土星はとてもうれしいと感じるでしょう。

三碧木星から
二黒土星には

これはNG

「束縛しないで」

嫉妬心が強い二黒土星は仕事や友達と遊んでばかりの三碧木星に対し、もっと恋人や家庭を振り返ってほしいと考えがち。それが自然な考えだと思っているので、縛り付けているつもりはありません。それが「縛らないで」と言われると、思いきり落ち込んでしまいます。

デート&付き合いのトリセツ

何か目的をつくって外に出かけたい三碧木星と、ふたりきりの時間を家でゆっくり過ごしたい二黒土星はデートの傾向が正反対。そのふたりがデートを楽しむには、一緒にゲームをクリアしたり、DIYで本棚をつくるなど、おうちデートに目的をもたせるのがいいでしょう。ただ、三碧木星はどうしても自分のペースで物事を進めたいので、ゲームもDIYも二黒土星が一緒にやるのは難しいかもしれません。二黒土星の側は、ふたりで一緒に遊ぶことではなく、同じ場所で過ごすこと自体を目的と考えるとうまくいくかもしれません。

三碧木星×三碧木星の相性は？

48%

ラブラブ度

三碧木星同士で鍵となるのは行動のリズムです。起床と就寝の時間が合っていれば、相性はいいと言えます。でも、生活リズムが合っていないなら要注意。三碧木星同士は、それぞれが自分の好きなことに没頭するので一緒に過ごす機会は減り、すれ違いになるでしょう。もともと束縛されるのを嫌う特徴があるので、さっぱりした関係性は悪くないはずですが、女性の場合は嫉妬深い一面もあり、あれこれ彼の生活に踏み込んでしまうことも。一方の男性側は、ほんの少し嫉妬心を見せられただけで、あっという間に冷めてしまう傾向があります。

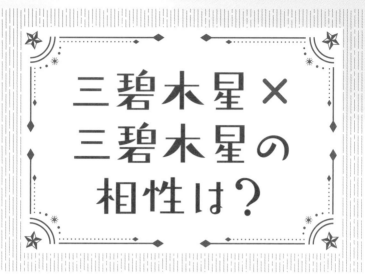

三碧木星から
三碧木星には

この
言葉

「色気があるね」
「説得力ある！」

明るく快活な性格が裏目に出てしまい、真剣な言葉も本気にされない傾向をもっているのが三碧木星。同じ三碧木星同士だからこそ、相手の本気度も理解できるはずです。頑張って口にする言葉の真剣さを汲み取ってあげれば、きっと喜んでもらえるでしょう。

三碧木星から
三碧木星には

これは
NG

「そのやり方、間違ってるよ」

三碧木星は自分の目的に向かって、止まることなく突き進みたいタイプなので、自分のやり方に文句をつけられたり、行動を制限されたりするのを嫌います。間違ったことをしていると思っても、頭ごなしに否定するのではなく、やんわり別の方法を提案するといいでしょう。

デート&付き合いのトリセツ

少年少女のように無邪気な一面をもちあわせる三碧木星同士のデートは、遊園地や水族館など、子どもたちが喜ぶようなスポットがおすすめです。ブルーがラッキーカラーであり、水辺との相性のいい三碧木星なら、海や川なども絶好のデートスポットになるでしょう。決断力と行動力が九星のなかで最も高い三碧木星ですが、戌年生まれだけは必要以上に慎重になりやすく、三碧木星の卓越した行動力が失われてしまうことが多いようです。戌年生まれの場合はお互いに背中を押し合い、なんでも挑戦する気持ちをもたせるとよいでしょう。

三碧木星×四緑木星の相性は？

73%

ラブラブ度

三碧木星と四緑木星は自然界での雷と風のイメージをもち、ともにスピード感のあることから、ストレスなく付き合えるカップルです。それでも三碧木星のほうが行動も決断も素早いので、優柔不断な四緑木星が後をついて行く関係性がベスト。単独行動が多く、他人のサポートが得られにくい三碧木星ですが、人とつながることが得意な四緑木星と関わることで、協調性がぐんと跳ね上がり、サポートしてくれる味方をつくれるようになります。付き合うことで仕事や勉強、私生活も順調に進む、最高の相性と言えるでしょう。

三碧木星から
四緑木星には

この言葉

「個性的だね」
「おしゃれだね」

情報通でもある四緑木星は流行を追いかけるのが大好きです。流行の最先端を上手に取り入れ、人との交流に生かしている自覚がある四緑木星が、三碧木星からこんなふうにほめられたなら、「自分のこと、ちゃんと見てくれてるんだ!」と喜んでくれるでしょう。

三碧木星から
四緑木星には

これはNG

「優柔不断だね」

四緑木星は実際に優柔不断であり、本人もそれを自覚していることが多いもの。しかし、判断が早く、行動の素早い三碧木星に図星を突かれると、より強いショックを受けるかもしれません。あるいは開き直って「優柔不断だよ、知ってるでしょ」と言い返してくることも。

デート&付き合いのトリセツ

決断力があり、相手を引っ張ろうとする三碧木星が主導権を握ると、関係がうまくいきます。ただし四緑木星は優柔不断で相手に合わせてしまいがちなので、要所要所で意見を聞いてあげましょう。四緑木星は自分の意見のなかに上手に三碧木星の提案を取り込むことができるので、うまくいきます。デートをするなら、両方に相性のいい水が関係する場所がおすすめ。時に、嫉妬心から「友だちばかりと遊ばないで」と言ってしまう三碧木星（特に女性）ですが、友だちを大切にしたい四緑木星に愛想を尽かされてしまうので気をつけましょう。

三碧木星×五黄土星の相性は?

38%

ラブラブ度

五行の関係では木とマグマ(高熱の土)に当たるため、相性はいいとは言えず、ともに主導権を握りたがるのでぶつかり合ってしまいます。他人に縛られるのを極端に嫌う三碧木星にとって、頼られたがる五黄土星のお節介は面倒に感じることが多いでしょう。出かけるときもマイペースの五黄土星が準備に時間をかけるので、せっかちな三碧木星がイラッとすることも。日々、あらゆる行動のタイミングが合わず、ストレスが溜まってしまいがちな関係です。まずは自分のペースを保つことを意識するのが、関係を長く続ける秘訣でしょう。

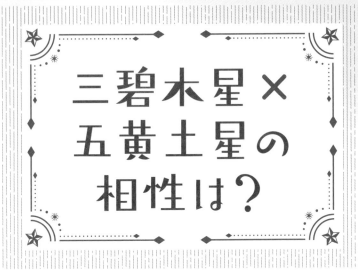

三碧木星から
五黄土星には

この
言葉

「頼りになるね」

「オレ様」気質で頼られたい五黄土星が一番言ってほしい言葉。行動力旺盛な三碧木星から頼られることはそうそうないので、貴重なほめ言葉に五黄土星も喜んでくれます。ただし、むやみにほめすぎると、疑い深い五黄土星から「何か下心ある？」と疑われてしまうかも。

三碧木星から
五黄土星には

これは
NG

「構わないで」

「そっちのためにやってるのに！」「自分はこんなに優しくしてやってるのに！」と不機嫌になるケースがしばしば。意固地になって余計に干渉される原因にもなりかねません。三碧木星は五黄土星に面倒臭さを感じても、いらだちを出さないほうが良さそうです。

デート&付き合いのトリセツ

生活リズムが合わないふたりの関係を良くするには、カレンダーにお互いの予定を書き込んでおくことが大切です。相手のことを「知り尽くしたい」と考える五黄土星の欲求も満たせますし、スケジュールを合わせることで円滑にコミュニケーションが取れるきっかけにもなります。とはいえ、まめな連絡は三碧木星の負担になるので、必要以上に予定を書き込まず、ここぞというイベントだけを共有してあげましょう。デートをするなら、足並みを揃える意味でもおそろいの靴で散歩するのがおすすめ。一緒に夢中になれる遊園地も◎です。

三碧木星×六白金星の相性は？

31%

ラブラブ度

五行で見ると六白金星は金の属性をもち、たとえるならオノやよく切れる刀のようなイメージです。正論で相手の意見をスパッと切り捨てるパワーがあるので、三碧木星からすると目の上のたんこぶのように感じるでしょう。ともに自我が強いのでぶつかり合う傾向があり、そうなると三碧木星が説教を受け続けて弱ってしまいかねません。失敗を認めず、ごまかそうとすることも多い三碧木星ですが、ごまかし切れればむしろ関係性はうまくいくかも。三碧木星は正論でつぶされないよう、適度に六白金星の説教を受け流すといいようです。

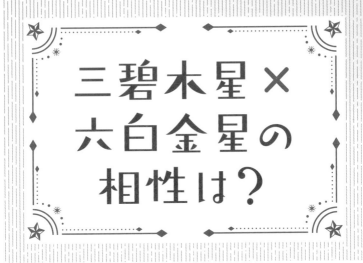

三碧木星から六白金星には

この言葉

「俺（私）よりしっかりしてるね！」

「当たり前でしょ！」と返されることがほとんどですが、それでも喜んでもらえます。六白金星は人と比べて、自分のほうが優れていると思えることに喜びを感じるタイプ。「あなたがすごいことは理解していますよ」と意思表示するだけで、いい関係を築けるでしょう。

三碧木星から六白金星には

これはNG

「構わないで」

人に縛られるのを嫌う三碧木星は、何かとアドバイスをしてくる六白金星を、心の底でうっとうしいと感じがちなものです。しかし、いらだちのままに文句を言うと、また正論で返り討ちにされかねないので、言葉選びにはできるだけ注意したほうが良さそうです。

デート＆付き合いのトリセツ

三碧木星の好みで選ぶと文句をつけられかねないので、デートは六白金星に合わせるほうが無難です。六白金星は高級志向。他にも、SDGsなど社会貢献度の高いサービスなどを好む傾向があります。三碧木星の人がデートプランを考えるなら、高級な飲食店や無農薬レストラン、ジビエ料理のお店などを選ぶといいでしょう。基本的に相性の悪いふたりですが、六白金星の辰年生まれだけは三碧木星の話を素直に聞いてくれる傾向があります。辰年生まれは好奇心旺盛で、三碧木星の行動力や冒険心にも共感を示してくれるからです。

三碧木星×七赤金星の相性は？

58%

ラブラブ度

五行の関係では木と金属の関係に当たり、本来の相性はいいとは言えません。しかし、三碧木星は七赤金星の色気や優しさに惚れ込む傾向があり、意外に良好な関係を築きやすい関係にあります。七赤金星は、かいがいしく世話をするのが好きなタイプ。六白金星と同じ金属のエネルギーをもちながらも器用さが特徴的で、説得も強引ではありません。しかし上手に説得され過ぎてしまうと、三碧木星らしさを失うことも。協調性をもつことはできたけれど、その分、持ち前の行動力が無くなった、などというパターンも起こりがちです。

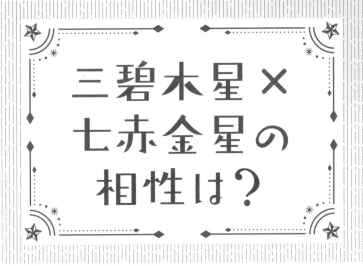

三碧木星から
七赤金星には

この
言葉

「そんなに相手を思えるなんてすごいね」

三碧木星は自分にとっていらないと感じたものを、できるだけ排除する傾向があります。必要以上に人に目をかけることが苦手で、周囲との関係性も最小限にしがちなため、ホスピタリティがあり、誰に対してでも世話をしてあげられる七赤金星を素直に尊敬できるでしょう。

三碧木星から
七赤金星には

これは
NG

「(記念日などに)サプライズ、盛りすぎじゃない?」

サプライズで人を喜ばせるのが好きな七赤金星は、それに対して文句を言われるとたちまち凹みます。人の面倒を見るのが苦手な三碧木星からは不思議かもしれませんが、世話好きな七赤金星としては自然にやっていることなので、素直にほめてあげると良いでしょう。

デート&付き合いのトリセツ

三碧木星にとって居心地のいい海や水族館がおすすめ。七赤金星は人の希望に合わせて楽しめるタイプなので、この組み合わせの場合は三碧木星が自己主張をするほうが得策でしょう。ただ、サプライズ好きな七赤金星は内緒でふたつめのデートプランを計画していることもあり、目的地で全力を使い果たす三碧木星は後のことも考えてエネルギーは温存しておくといいかもしれません。周囲と合わせる傾向の強い七赤金星でも、卯年生まれには自己主張の激しいタイプが多く、我の強い三碧木星とはうまくいかない傾向があります。

三碧木星×八白土星の相性は？

29%

ラブラブ度

気まぐれに意見を変える八白土星が相手の場合、何事にも全力で突き進む三碧木星が振り回されてしまいがち。たとえば、「イタリア料理が食べたい」と言っていたのに、店の前まで来て「中華料理が食べたい」と言い出すのが八白土星です。動き回っていたい三碧木星としては、いちいち方向転換させられると動きを制限されているようでストレスを感じたり、努力が徒労に終わることも多いため疲労も溜まるでしょう。三碧木星が八白土星と付き合うなら、相手の意見が変わらないかギリギリまで見極めてから行動に移すことが大切です。

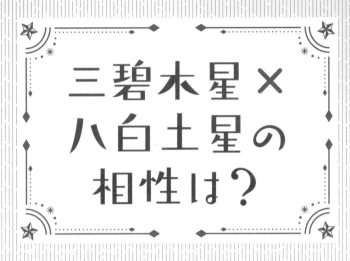

三碧木星から八白土星には

この言葉

「笑顔が素敵だね」
「表情豊かだね」

基本的に表情が乏しく、そのためにいつも怒っていると勘違いされやすい八白土星は、表情が豊かだと言われると喜ぶ傾向があります。ただし喜んでもらおうと打算的にほめると、思慮にあふれた八白土星に下心を見抜かれ、逆効果になってしまうので気をつけましょう。

三碧木星から八白土星には

これはNG

「怒ってる？」

ふだんから表情に乏しい八白土星がよく言われる言葉のひとつですが、実は楽しいと思っていても顔に出ないだけだったりします。思ってもいないことを言われて怒ってしまうケースが多いので、表情が読めないときはそっとしておくほうがいいでしょう。

デート&付き合いのトリセツ

八白土星は気まぐれながら、自分を曲げない頑固な一面もあり、デートプランは八白土星に合わせるほうが無難でしょう。三碧木星としては相手の気まぐれをおさえる工夫として、お決まりのコースや場所をいくつかもっておくのがおすすめです。甘いものが食べたい時、体を動かしたい時、ゆったりしたい時など、パターンに分けて用意しておきましょう。どれだけ工夫をしても、八白土星がいきなり突拍子もない要求をしてくるのはよくあること。三碧木星は意見が変わる可能性を踏まえ、余力を残した行動を心がけることが大切です。

三碧木星×九紫火星の相性は？

83%

ラブラブ度

抜群に相性のいいふたりです。味の好みが似ていればさらに相性が良くなります。九紫火星は直感力が優れているので行動もスピーディ。流行を追いかけるのが好きなので、次々と新しいものを取り入れる柔軟性ももっています。そんな九紫火星の感性はフットワークの軽い三碧木星にぴったりと言えるでしょう。かっこいいものが好きな三碧木星にとって、九紫火星の流行を取り入れた個性的なスタイルは憧れの的。どんどん先を行く九紫火星と、つい追いかけたくなる三碧木星のカップルは、誰から見ても仲のいいふたりになるはずです。

三碧木星から
九紫火星には

この言葉

「おしゃれだね」
「センスいいね」

個性的なセンスをもつ九紫火星はバッグや小物、アクセサリーなど身に着けているものへのほめ言葉が大好きです。好奇心旺盛でフットワークの軽い三碧木星なら、流行をキャッチするのも得意なはず。九紫火星がほめてほしいポイントを、難なく見つけ出せるでしょう。

三碧木星から
九紫火星には

これはNG

「体型変わった？」

見た目を人一倍気にする九紫火星に対して外見への指摘は絶対NGです。外見について話すなら髪の毛をほめるのがベスト。しかしほめることで頭がいっぱいになって、タイミングを間違うと逆効果になることも。ほめるポイントとタイミングを見極めることが重要です。

デート&付き合いのトリセツ

もともと人に合わせるのが苦手な三碧木星ですが、九紫火星が相手だと素直に提案を聞き入れられます。九紫火星のセンスは十分頼りにできるので、深く考えず相手の考えるデートプランに合わせるのがおすすめ。ふたりの相性は抜群ですが、両方とも自分のやりたいことをもっているので、ひとりで過ごす時間も多くなります。ただ、三碧木星が自分の趣味に走りすぎるのは考えもの。九紫火星はかまってもらえないとすねてしまい、愛情も冷めてしまうことに。九紫火星に嫌われないよう、ふたりの時間も大切にする努力が長続きの秘訣です。

四緑木星《しろくもくせい》の人

こずえに吹く風のように、明るくライトな恋をする

あなたはきっとこんな人

イメージとして女性の部分をもつ四緑木星の人は、穏やかな性格で人当たりが良く、協調性があります。流行に敏感で、誰とでも仲良く仲間や友だちが多い半面、「八方美人」で優柔不断な面もあり、決断するのが苦手。たとえるなら、みんなで食事をした時に皿に残った最後の1個に手を出せない性格で、いろいろな面でチャンスを逃しやすい人でもあります。そんな四緑木星の人が運をつかむには、できるだけ外の世界へ出て経験を積んでみること。四緑木星には「風」の属性があり、一箇所にとどまらないほうがいい場合が多いのです。

そんなあなたの恋愛は？

誰とでも仲良くなれる四緑木星の人は、男女を問わず友だちや仲間から恋愛に発展することが多く、周囲から「○○君のこと、好きでしょ？」などとからかわれてその気になったりします。基本的に結婚は早いタイプで、幼なじみから恋人になる割合も高く、ドラマチックな告白などは求めません。女性のほ

四緑木星と相性のいいベスト3

1位	九紫火星	相性抜群で、人もうらやむ華やかなカップル！
2位	三碧木星	同じスピード感をもち、一緒にいてワクワクできる！
3位	一白水星	流れにまかせる者同士、ハプニングさえ楽しめる！

うが恋愛への想いが強い傾向にあるものの、惚れっぽいのとは違い「何となく好きかも」という感じ。いつも優柔不断なため「はっきりして！」と言われることもあり、自分でも友だちか恋人かわからないというケースもしばしばです。

出会いのパターンは？

自然体で恋愛ができるので、誰かの紹介や街コンなど出会いの場はいっぱい。どこへでも吹いていく風の属性が強い四緑木星は、海外の人との相性も良く、国際結婚にも向いています。

ラブラブ期はこんな感じ

友だちや同僚など身近な人と恋に落ちることの多いため、恋愛が生活の中心になってラブラブの時期はすべてがうまくいきます。相手との約束がきちんと守られたり、合っている時間が充実していたりすると、恋だけでなく勉強や仕事の調子も上々。ただ、優柔不断のため相手に引っ張られやすく、行きすぎるとやるべきことに身が入らなくなるので要注意です。

破局はこうして訪れる

自分で決めるのが苦手な四緑木星の場合、相手との関係が冷めてかまってもらえなくなると、破局の赤信号。優柔不断な性格が相手を不安にし、結婚のタイミングをはずして別れるケースもあります。ただ、物事に執着しない性格のため、別れも多くは自然消滅。風のようにふわふわ連絡をとらなくなり、「あれ、いつ別れたの?」ということも少なくありません。

十二支による違いをチェック

色気抜群で相手を惹きつける魅力のある酉年生まれは、恋愛に自然体な四緑木星の場合もドロドロした恋愛になりやすい傾向があります。また、卯年の人はうまくいかないとすぐに次の恋を探し、午年もすぐに相手から離れるなど「自然消滅」しやすいようです。

ラッキーナンバー

17

つかみ切る、逃がさない、目標を捕らえるといった意味をもつ数字。優柔不断でチャンスを逃がしやすい四緑木星の恋を力強く後押しします。

ラッキーカラー

パステルオレンジ

誰からも好かれ、人を惹きつける色。出会いが多い四緑木星の魅力を、いっそう際立たせる力があります。

ラッキーアクション

人が集まる場所へ行く

誰とでも仲良くなれる一方、いつもの仲間を大切にする気持ちも強い四緑木星。たまには違う顔ぶれと知り合いになることで、思いがけない恋に出会えるかもしれません。

ラッキーアイテム

風に揺れるもの

女子ならば耳元で揺れるピアスやイヤリング、ふわふわしたファーっぽいもの、男子ならネクタイなど風の属性にふさわしいものを。やわらかめの色の花模様のアイテムもおすすめ。

掃除するといい場所

窓際・カーテン

風の属性のある四緑木星の運気は、風が通る場所をきれいにするとアップします。風水の知恵から見た場合も、窓は新しい運と出会う入り口とされています。

四緑木星×一白水星の相性は？

75％

ラブラブ度

五行で見た場合、水が木を育てる関係で、相性は悪くありません。どちらも強い執着や芯のようなものがなく、流れにまかせるタイプで互いに引き合う関係です。恋愛のスタイルも先のことを決めつける感じではなく、状況に応じて臨機応変に柔軟に発展していくとうまくいきます。たとえば、デートの時に予定していた店が閉まっていても、「次どこ行こう？」と考えて動くのが好きなふたりですので、思いついたら動いて、ハプニングも楽しめますが、行きすぎるとどこにも目標が定められず、恋もあてどなく漂流……なんてことも？

四緑木星から
一白水星には

この言葉

「色気があるね」
「わかりやすいね」

一白水星の持ち味は透明感のある上品な色気で、それをほめることは相手を喜ばせます。また、器や温度によってかたちを変える水の属性があるため、ふだんから「何を考えているかわからない」と言われがちな一白水星にとって「わかりやすい」はうれしい言葉です。

四緑木星から
一白水星には

これはNG

「わけわからない」
「話聞いてる？」

流れる水のように表面の態度をくるくる変える（ように周囲からは見える）一白水星は、その点を必要以上に指摘されるのが嫌いです。本人としては特にわかりにくい性格とは思っていないので、あまり「不思議ちゃん」や「変な人」扱いをしないようにしましょう。

デート&付き合いのトリセツ

一白水星の人は流れる水のように、しばられすぎるのが苦手です。恋愛中でもひとりきりでボーッとする時間を大切にしますので、そんな時はかまわずにそっとしておくのが◎。そのあたり、臨機応変に対応できる四緑木星はうまくやれるはずです。風の属性のある四緑木星がリードするデートは、さわやかな風の吹く高原、風に揺れる風鈴の音のする縁側、一緒に食べるならシフォンケーキのようにやわらかくて甘いスイーツがおすすめ。スピード好きな四緑木星の卯年の人なら、オープンカーで風を感じながらのドライブもいいでしょう。

四緑木星×二黒土星の相性は?

25%

ラブラブ度

「土」と「木」の関係で、一見相性がいいように思えますが、実はあまり良くありません。二黒土星は動いたり変化したりするのを嫌う性質があり、どこへでも飛んでいく風のような四緑木星とは基本的に合わないのです。恋愛をするとすぐに「家庭」に落ち着こうとする二黒土星は、幸せになるとつい油断して体型が崩れたり、ファッションに気をつかわなくなるので、流行を追うのが好きな四緑木星からすると「昔はイケてたのに」となりがち。何につけても動きの悪い二黒土星を無理に引っ張るうち、四緑木星の側が疲れてしまうのも心配です。

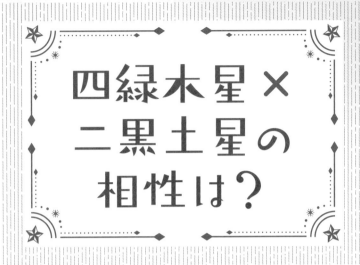

四緑木星から
二黒土星には

この言葉

「料理上手だね」
「器用だね」「優しいね」

九星のなかでも最も家庭的な二黒土星の人は、家のことをあれこれやるのが好きで、得意という場合も多いため、男女を問わず料理の味や手先の器用さを評価したりすると喜ばれます。相手に対し母親のように接する二黒土星の場合、優しさをほめるのも好印象を与えます。

四緑木星から
二黒土星には

これはNG

「昔はきれいだった」
「前はかっこ良かった」

恋愛のトキメキより家庭の安定を志向しがちな二黒土星は、付き合っている油断からつい見た目に気が回らなくなりがち。そこをズバリ指摘されると、空気が険悪になります。特に、愛想尽かしの早い四緑木星の卯年と午年は、これを言って破局を招かないよう要注意です。

デート&付き合いのトリセツ

おうちで映画やゲームなどが大好きであまり外に出たがらない二黒土星と、誰とでも仲良くなって遊びに行くのが好きな四緑木星は、デートの傾向も正反対。どちらかが我慢するしかありませんが、家でじっとしているばかりでは四緑木星がイヤになってしまうので、3回に1回は一緒に外へ行くようにしましょう。行き先は人の多い流行の場所よりも、落ち着いた和風のカフェなどがおすすめです。もしもケンカになった場合、二黒土星は簡単には許してくれない傾向があり、四緑木星は相手の家に出かけてじっくりと謝るしかありません。

四緑木星×三碧木星の相性は?

81%

ラブラブ度

ともに木星同士、八方美人で外に出るのが好きな四緑木星と、とにかく早く動きたい三碧木星は、スピード感も合いやすく、一緒にいてワクワクできます。この組み合わせでは、雷の属性をもち何事も決断の早い三碧木星が引っぱっていくケースが多くなりますが、優柔不断な部分もある四緑木星は喜んで「ついて行くよ」となり、いろいろなことをフットワークも軽く楽しめるでしょう。心配なのは、ふたりのリズムが合わなくなるときで、協調性に欠ける三碧木星が突っ走り過ぎると、誰とも仲良しの四緑木星もさすがに萎えてしまいます。

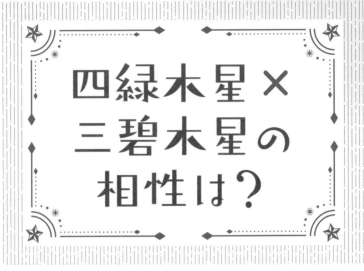

四緑木星から
三碧木星には

この言葉

「行動力があるね」

決断力に富んで、何でもすぐに決めて、すぐに動く三碧木星は、いざという時に迷いがちな四緑木星からすると尊敬の対象。一番いいのは、わざわざこれを口にしなくても、三碧木星の側が「わかってるって」となるくらいの以心伝心、スピード感ある関係だったりします。

四緑木星から
三碧木星には

これはNG

「ちゃんと考えてる？」

考えるより先に走り出すのが三碧木星。バランス感覚に富む四緑木星は理屈を大切にする面もあるため、相手を理論的に責めると険悪になります。失敗した場合、三碧木星は「やっぱり考えが足りなかったなぁ」とケロッとした顔で、今度は四緑木星がイラッとすることも。

デート&付き合いのトリセツ

決断力があり相手を引っぱろうとする三碧木星が主導権を握ると、関係がうまくいきます。臨機応変で物事に柔軟な四緑木星は、その決断に適度に意見を言うようにしましょう。デートをするなら両方に相性のいい水に関係のある場所、特に三碧木星が好きな海辺がおすすめ。三碧木星の方位の定位置は東のため、東向きの海岸でそろって朝日を浴びると運気が上がります。注意するべきは、三碧木星が四緑木星の友人関係にあれこれ口出しすることで、「友だちとばかり遊んでないで」などと言うと温厚な四緑木星もムッとしてしまいます。

四緑木星×四緑木星の相性は？

47%

ラブラブ度

同じような性質をもっているタイプ同士ということで、けっして合わないわけではありませんが、全体としてみれば今ひとつな相性です。理由は四緑木星の欠点である優柔不断で「決めきれない」点にあり、本人同士も付き合っているのかどうかわからないままに自然消滅してしまうこともしばしば。特に、四緑木星の同級生同士はあまりに友だち感覚が強いため、女性の側は「付き合ってた」と思っているのに、男性側は「そうだっけ？いい友だちだったんじゃない」という反応になりがちで、あまりうまくいかないことが多いのです。

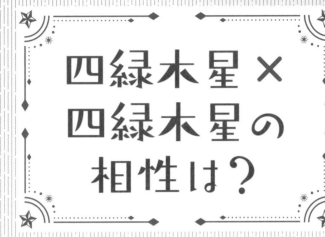

四緑木星から四緑木星には

この言葉

「友だちを大切にするね」

協調性があり、仲間や友だちを大切にする四緑木星にとって、その点をほめられるのはうれしいこと。ただ、友だちが多いために魅力的だと感じる相手も多く、目移りしがちな一面もあります。長所は一面から見ると大きな短所になることを忘れてはいけないでしょう。

四緑木星から四緑木星には

これはNG

「合わせられないよね」「協調性ないね」

自他ともに認める協調性の高い四緑木星にとっては、とても心外な言葉です。ただ、仲良しであることを何より大切にする四緑木星が、何かを言われて怒ることはめったにありません。むしろ、大切な友だちの悪口を言われるとケンカのもとになることが多いようです。

デート&付き合いのトリセツ

九星で同じ星同士はお互いに似すぎているせいか、相性はそこそこということが多いもの。特に、自分よりも他人という発想をする四緑木星同士は、価値観が同質すぎてうまくいかない傾向があります。恋愛はどこか謎の部分がないと盛り上がらないので、その点に難しさがあるのかもしれません。そんな四緑木星のふたりがうまくいくには、意識して恋愛をしている状態を確認すること。ラブラブの時は恋が生活の中心になるほど恋愛体質の四緑木星の場合、結婚してもワクワクを忘れないよう「記念日」を大切にするなどの心がけが大切です。

四緑木星×五黄土星の相性は？

52%

ラブラブ度

友だちや仲間を大切に、自分のことは後回しな四緑木星と、「オレか、オレ以外か」というくらい自己中心な五黄土星は、まるで正反対。でも、それだけにうまくいく部分もあります。この場合、五黄土星の側は四緑木星の協調性に魅力を感じるというより、単に自分についてきてくれるという点に喜びを感じるようです。逆に、優柔不断な四緑木星は何事もひとりでズバズバ決めていく五黄土星の強さに、最初は強く惹かれるのでしょう。ただ、そのままでは完全に相手の言いなりになり、自分というものがなくなってしまう心配もあります。

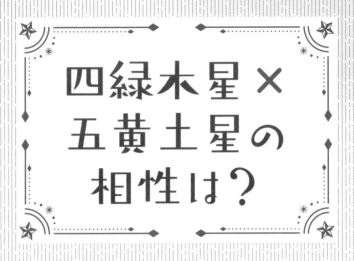

四緑木星から五黄土星には

この言葉

「男らしい」「頼れるね」
「（女性に）男前だね」

五黄土星のためにあるような言葉で、ツボにはまったときの決断力や相手を引っ張っていく力は無敵です。恋愛に強い憧れがある反面、いざとなるとはっきりしない四緑木星としては本気でこう感じますが、五黄土星の側は意外に「当然でしょ」という気分かもしれません。

四緑木星から五黄土星には

これはNG

「ちっちゃいね」
「弱虫」

九星のなかでも断トツで「オレ様気質」の五黄土星の場合、これを言うと本気でキレることもあります。一方、四緑木星が「縛らないでよ」と声を上げても、「決めてあげないと、何も進まないでしょ」「ひとりじゃ決められないじゃん」と言われておしまい、ということも。

デート&付き合いのトリセツ

五黄土星は自我が強烈で束縛してしまうため、基本は四緑木星が黙ってついて行き、多少イヤなことも我慢する関係になりがちです。ひどくなると大切な交友関係まで「あの人とは付き合わないで」などと制限され、四緑木星らしさが失われることも。それはそれで「居心地がいい」と割り切れるならいいのですが、恋愛が「支配」になっていないか、時々は自分たちの関係をふり返りましょう。デートコースも五黄土星が決めますが、ワンパターンになりがちなため、時には流行に敏感な四緑木星が主導権を握るとバランスがとれます。

四緑木星×六白金星の相性は？

33%

ラブラブ度

理論派ナンバーワンの六白金星は、何事も正しいか正しくないかで筋道立てて考えるタイプ。四緑木星も理屈っぽさはあるのですが、そこには感情の部分も混じっているため、クールで切れ味いい六白金星にズバッと言い負かされてしまいます。六白金星も引っ張るタイプで、その部分が合えばうまく付き合えるものの、四緑木星の側が性格を変えられてしまうことも。何かをしようとするとき、六白金星に「それにどんな意味あるの？」といちいち言われてテンションが下がり、四緑木星本来のフットワークの良さが失われるのも心配です。

四緑木星から
六白金星には

この言葉

「頼れるね」

周囲に対してリーダーシップを発揮する六白金星は、五黄土星にも近い印象を与える部分があり、喜ぶ言葉も似ています。ただ、すべてを自分の「好き、嫌い」で判断するのではなく、六白金星は理屈を大切に「正しいか、正しくないか」で判断するのが特徴です。

四緑木星から
六白金星には

これはNG

「冷たいよね」
「こっちの思い、わかってる?」

何事も正論で判断する六白金星はクールな印象ですが、感情がないわけではありません。自分では相手の気持ちもわかっているつもりなので、そこを責められると怒ります。そうなると、さらに理屈で反論してきますので、ささいなケンカが泥沼の言い合いになる恐れ大です。

デート&付き合いのトリセツ

付き合いのパターンと同様、デートも基本は六白金星が引っ張るかたちがうまくいきます。六白金星は天のエネルギーをもっているので、四緑木星も相性のいい海辺で夜空を見たり、プラネタリウムでのデートもおすすめ。ただ、デートの予定を変更するときなども六白金星はきちんとした理由がないと機嫌が悪くなるため、「今日は○○より××な気分じゃない?」といった四緑木星の柔軟さは通用しにくいでしょう。そんななかで、六白金星でも辰年生まれの場合はおおらかな冒険心があり、四緑木星の臨機応変にも喜んで付き合います。

四緑木星×七赤金星の相性は？

65%

ラブラブ度

「木」と「金」であるふたりは、五行から見ると合わないはずですが、実際の気質では意外に合う不思議な関係。理由は互いに気づかいができるからで、特にセンスのいい七赤金星が流行に関心の高い四緑木星に磨きをかけると、いい関係になります。ただ、ともに友人や仲間が多い社交的なタイプなので、恋人以外に目移りすることも。特に七赤金星は気まぐれな少女のイメージをもち、「楽しければいいじゃん」的に恋愛をする場合があり、長年の付き合いで結婚確実と思われながら破局を迎えて周囲が驚いたりするのも、このカップルです。

四緑木星から七赤金星には

この言葉

「おしゃれだね」
「おすすめの店、あたりだね」

華やかな社交性があり、センスにも自信のある七赤金星はその部分をほめられると喜びます。特に味覚にはうるさいので、間違っても連れて行かれた店の味をけなさないこと。七赤金星がおもてなしをするときは、相手のことも十分に考えてくれているのを忘れずに。

四緑木星から七赤金星には

これはNG

「その服、ちょっと変じゃない?」
「最近、太った?」

九星のなかでも、九紫火星と並ぶファッションリーダーの七赤金星だけに、見た目に対して不用意なことを言うと一発アウト。四緑木星は流行をうまく取り入れたおしゃれを好むのに対し、七赤金星はハイブランドを着こなすタイプなので、その違いを理解するのが◎です。

デート&付き合いのトリセツ

ともに社交的で友だちの多いふたりですが、七赤金星は典型的な「パリピ」であり、互いのグループはキャラクターがまるで別。それだけに、友だち同士が仲良くなると周囲がみんなで恋を応援してくれます。デートは夜の時間帯に、場所はバーやカフェがおすすめ。これは、七赤金星の方位の定位置が日の沈む西だからで、どちらかというと昼の活動が好きな四緑木星とは、夜行性と昼行性の違いがあります。似ているようで、大きく異なるふたりは、別れの時もかえって大ゲンカにならず、その後も最高の異性の友だちでいられるでしょう。

四緑木星×八白土星の相性は？

41%

ラブラブ度

どっしりした山の属性である八白土星ですが、一方で感情の移り変わりの大きいところがあります。これは、山の上に広がる空模様が目まぐるしく変わるのと同じで、たとえば「ラーメン食べに行こう」と出かけたのに、本人が「やっぱりピザがいい」となる。八白土星に気まぐれのつもりはなく、そうする理由があるのですが、自分を表現するのが苦手なため周囲にはわかりません。引っ張ってくれるかと思うと、気分がコロコロ変わる相手に、臨機応変な四緑木星も困ってしまいます。特に気分ムラの激しい、八白土星の寅年には要注意です。

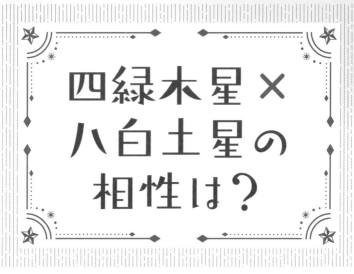

四緑木星から八白土星には

この言葉

「真面目だね」「誠実だね」

気まぐれな反応が多いように見える八白土星ですが、実は九星のなかで最も真面目。大きな冒険をせず、コツコツ努力を積み重ねるタイプなので、そこをほめましょう。自分の気持ちを表現するのが苦手なことを知っている八白土星は、その言葉を何よりも喜んでくれます。

四緑木星から八白土星には

これはNG

「気まぐれだよ」「なにムスッとしてるの？」

気まぐれに見えながら、八白土星自身には理由があってのことで、そこを責められるのは嫌いです。表情が変わりにくく、他人からは機嫌が悪いように見られがちなのも、他人からはツッコミどころですが、あまり言うと「そうだよ、それが悪い？」などと逆ギレすることも。

デート&付き合いのトリセツ

八白土星の気まぐれは、実は誠実さの表れ。告白にしても「好きだ」と言い切ることができず、「好きかもしれない」とはぐらかすので、ただでさえドラマチックな展開と縁の少ない四緑木星は心配になります。ただ、付き合っていると自覚したり、結婚すれば目移りせずに関係は安定。そのためにも、四緑木星が記念日デートなどをこまめに仕掛けましょう。コースは四緑木星が決めるとスムーズですが、八白土星の気まぐれも考え、複数のプランをひそかに用意しておくこと。近場の山の散歩や、山菜料理の店など、山に縁のある場所が◎です。

四緑木星×九紫火星の相性は？

90%

ラブラブ度

火によって木が燃えてエネルギーが生まれる関係性から相性抜群で、どちらも華やかなお似合いのカップルです。アーティスト気質で人と違うところがあり、ケンカっ早い九紫火星には、誰とでも仲良くなれる四緑木星はホッとできる相手。ただ、九紫火星の美意識が突っ走り過ぎると、さすがの四緑木星も手に負えなくなります。要注意なのが四緑木星の子年で、九紫火星の方位の定位置が南なのに対し、子年は北に当たることから真逆の関係に。四緑木星でも子年は地味なため、派手でキラキラな九紫火星からは魅力がないと見られがちです。

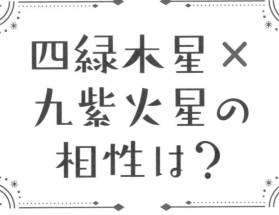

四緑木星から九紫火星には

この言葉

「センスいいね」「個性的だね」

個性的なセンスに自信がある九紫火星ですが、流行に敏感な四緑木星にほめられるのは喜びます。着ているものはもちろんのこと、九紫火星の場合は髪型や持ち物に命をかけているところがあり、そのあたりに注目してくれれば上機嫌で、関係はますますうまくいきます。

四緑木星から九紫火星には

これはNG

「最近、センスおかしくない」

美意識に誇りをもつ九紫火星に、見た目をけなす言葉は絶対にNGで、その瞬間に恋が終わることも。意外なのが「何も言わない」ことで、髪型を変えたり、バッグやアクセサリーを変えたのに気付いてくれないと、不機嫌になってケンカが始まってしまうこともあります。

デート&付き合いのトリセツ

流行りの街や店、インスタ映えのする食べ物を目的にするデートが一番。風のように流行を追うのが好きな四緑木星が、九紫火星に「最近の流行りは何?」と聞く関係がおすすめです。それぞれが自分に合ったファッションを身に着け、それを「似合ってる」と認め合えるうちはうまくいきますが、そのバランスが崩れると要注意。特に人のファッションを批判しがちな九紫火星の評価のハードルがどんどん上がることにより、四緑木星が「もう無理」となってしまいます。なかでも九紫火星の辰年の美意識は非常に高く、ついて行くのが大変です。

五《ご》黄《おう》土《ど》星《せい》の人

波乱や障害が多いほど燃え上がる “恋の冒険者”

あなたはきっとこんな人

九星ではセンターの「五」で、方位の図（22ページ参照）でも中心が定位置の五黄土星は最も強い運気の持ち主。それだけに自信満々で自己中心的、好き嫌いや白黒をはっきりさせないと気が済まず、他人の思惑にかまわず我が道をグイグイ進みます。親分肌で面倒見がいい半面、メリットがないと感じるとあっさり切り捨てる非情な面や、疑い深い面も。一番であることにこだわり、金銭面で打算的で、嫉妬深い性格から、周囲に距離を置かれることもありますが、持ち前の強運で大成功（大失敗も）する人が多いのもこの星の特徴です。

そんなあなたの恋愛は？

うまくいっても、別れるにしても、平穏無事にいかないのが五黄土星の恋愛です。強い運気の力もあって、特に男性はモテるタイプが多いのですが、彼氏のいない相手には興味を示さず、彼氏ありの女性を「どう落とそう」と楽しむところが多いため、波乱を起こしがち。女性の場合は逆に相手の押しに弱いタイ

五黄土星と相性のいいベスト3

1位	七赤金星	わがままを上手に受け入れるベストパートナー!
2位	六白金星	時に厳しく間違いを正して、教え導いてくれる!
3位	九紫火星	高い美意識とセンスに、五黄土星もメロメロ!

プが多く、それが彼氏のいる場合でも一線を越えてしまい、こちらもただでは済みません。自分の欲望と快楽に忠実で、恋愛をドラマのように楽しむ五黄土星は、ロマンチストでもあり、ちょっと困った恋の冒険者でもあるのです。

出会いのパターンは?

五黄土星は友だちの紹介など、ありふれた出会いには燃えません。たとえば合コンに行って、別なテーブルのまったく知らない人に強く惹かれて声をかけるなど、最初からドラマチックです。

ラブラブ期はこんな感じ

ねらったり、言い寄ってきた相手は絶対に〝もの〟にする五黄土星は、恋人同士になるスピードもあっという間。「いける」と思ったら、誰の恋人だろうとまっしぐらです。相手の知らない面、ミステリアスな部分、障害などがあるほど、それを乗り越えようと燃え上がるため、三角関係、四角関係などとんでもなく複雑な事態を招いても、本人は嬉々としています。

破局はこうして訪れる

ドラマチックな恋を追いかける五黄土星は、夢中で追っていた相手のことがすべてわかってしまうと、急に熱が冷めてしまいます。倦怠期かな、と相手が思う頃には早くも次の相手に向かうなど、ふたまたの交際にも罪悪感はあまりありません。飽きた相手には徹底的に冷たくする一方、相手の浮気を疑い、自分が捨てられると諦めきれずにつきまとうケースもあります。

十二支による違いをチェック

五黄土星でも特に強い運気の寅年生まれは、ねらった相手を確実に捕まえる文字通りのハンター。一方、十二支の最後に位置する亥年生まれの場合は、独占欲や支配欲の強烈な五黄土星のなかでも、比較的バランス感覚があり、危険すぎる恋には近づきません。

ラッキーナンバー

13

恋心、それも明るく元気な気持ちを表す数字です。センスの良さを表す数字でもあるため、ファッション感覚が自己流になりがちな五黄土星にはぴったりです。

ラッキーカラー

柔らかな暖色系

恋愛にとらわれやすい五黄土星には、ピンクや淡いオレンジなどの柔らかな暖色系がおすすめ。恋愛に貪欲な気持ちを抑え、恋のトラブルを避けるのに役立ちます。

ラッキーアクション

おしゃれな店へ行く

服選びに関して、男女ともに自己流で楽なファッションになりがちな五黄土星。特に女性はおしゃれな古着屋さんなどへ行き、暖色系の服を選ぶと運気がアップします。

ラッキーアイテム

ファッション雑誌

いま流行っている服や髪型などの情報をチェックするのが吉。自己主張の強い五黄土星に見られる、全身ひとつのブランドだけという事態も避けられます。

掃除するといい場所

鏡

特に五黄土星の女性の場合、身なりを整え、美容運もアップする鏡をきれいに磨くと、恋愛にもいい影響が表れます。部屋の鏡、お風呂や洗面台の鏡など、どれもピカピカに。

五黄土星×一白水星の相性は？

17%

ラブラブ度

五行で見た「土」と「水」はもともと関係性が悪いうえ、五黄土星の土の場合はマグマのように強烈なエネルギーをもっているため、水は濁らされてしまい、相性は良くありません。一白水星の気分は変化が大きく、つかみどころがないので、自我の強い五黄土星からするとイライラすることも。五黄土星が支配し、コントロールすれば一応うまくいきますが、一白水星の側はずっと我慢し、ストレスをためがちです。一白水星は時に自由に、ひとりきりになろうとしますが、独占欲の強い五黄土星はそれが理解できず、相手をうんざりさせてしまいます。

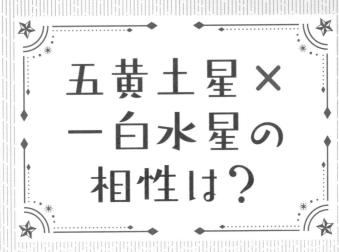

五黄土星から
一白水星には

この
言葉

「髪がきれい」
「わかりやすいね」

一白水星の持ち味は透明感のある色気で、特に髪の毛をほめると喜びます。器や温度によってかたちを変える水の属性があるため、「ミステリアス」や「謎めいていて素敵」と言いたくなりますが、むしろ素直に「わかりやすい」と言われるほうがうれしく感じるでしょう。

五黄土星から
一白水星には

これは
NG

「はっきりしないね」
「すぐに決めて」

流れる水のような一白水星は、決断することが苦手です。自信満々で物事を決めたがる五黄土星はつい強く迫りがちですが、それはダメ。特に五黄土星の女性が一白水星の男性に「男らしくない」と言うと傷つきますので、逆に「はっきりしてるね」と言ってあげましょう。

デート&付き合いのトリセツ

ぐいぐい引っ張る五黄土星と、相手に決めてもらいたがる一白水星は、五黄土星が主導権を握るとうまくいくように見えます。ただ、五黄土星は安定=ワンパターンを好むのに対し、一白水星は基本的に変化を求める気質があり、その点で噛み合わないのが問題です。そこで、デートの場合などは五黄土星が、ひとまず一白水星に行きたい場所を聞くのがうまくいくコツ……ではあるのですが、自己中心的な五黄土星はそれが苦手なうえ、一白水星のほうも「どこでもいいよ」とそっけなく答えがち。そんな面にも相性の悪さが出てしまいます。

五黄土星×二黒土星の相性は？

71%

ラブラブ度

同じ土でも養分の少ない二黒土星は、肥料たっぷりの五黄土星と混ざることで運気が上がるため、相性は悪くありません。タイプ的にも子供っぽくて支配欲の強い五黄土星と、親身に尽くす二黒土星はいい関係を築けるでしょう。ただ、二黒土星は恋愛というより家族のような間柄になろうとする部分が強く、五黄土星には居心地がいい半面、刺激が足りないと感じることも。そのせいで、恋多き五黄土星が浮気に走る危険性もありますが、それでも二黒土星は「戻ってくればいい」と迎えるため、決定的な破局になりにくい不思議な関係です。

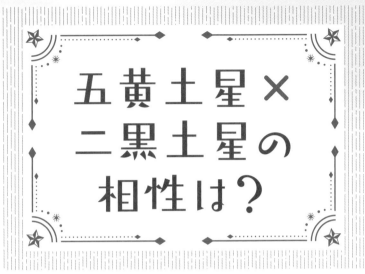

五黄土星から
二黄土星には

この言葉

「家庭的だね」
「いいママ(パパ)になりそう」

九星のなかでも最も家庭的な二黒土星の人は、家のことをあれこれやるのが得意なため、その部分や、やさしい家族としての面をほめるのがおすすめ。それ以外にも、特に男性は「いろいろなところを見てくれてうれしい」と気配り上手を評価すると、とても喜んでくれます。

五黄土星から
二黒土星には

これは NG

「地味だよね」
「お母さんみたい」

恋愛より家庭的な面を意識する二黒土星は、ファッションもおとなしめで、そこを悪く言われると傷つきます。一方、「いいママになれそう」は良くても、相手から「お母さんみたい」と決めつけられると、がっかりして「あなたのお母さんじゃない!」と怒ってしまうことも。

デート&付き合いのトリセツ

二黒土星はおうちで一緒にご飯を食べるといったデートが大好き。五黄土星はそれ以外の時間に十分エネルギーを発散しているせいか、そんなまったりした時間が心地よく感じる場合も多いようです。ホラー映画を観たり、ゲームをやったりしてドキドキ感をプラスするのもおすすめです。注意点としては、お金遣いの荒い五黄土星に堅実な二黒土星が一方的に貢いでしまうこと。また、二黒土星の場合、いったん相手をつかまえると「恋人」から「家族」になって、愛情表現が雑になったり、所帯じみてしまうのも心の離れる原因になります。

五黄土星×三碧木星の相性は?

32%

ラブラブ度

マグマの噴火の属性をもつ「決断力」の五黄土星と、雷の属性をもつ「行動力」の三碧木星。そんなふたりは合いそうに見えて、互いのスピード感に大きな違いがあり、実はうまくいきません。恋愛でも、すぐに先へ進みたい三碧木星に対し、自分のペースで相手を支配するのを好む五黄土星は、気持ちのタイミングが合わず、デート、告白、キス……などすべてのタイミングがずれてしまいます。せっかちな三碧木星に、五黄土星の側がついて行ける場合はうまくいきますが、実際は五黄土星が主導権を握りたがるため、それもままならないのです。

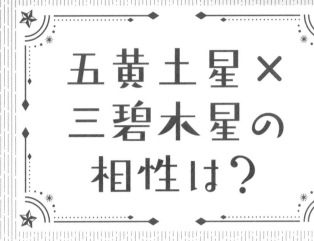

五黄土星から三碧木星には

この言葉

「行動的だね」「応援してる」

思い立ったら即行動、自分のスピード感でどんどん進みたい三碧木星には、細かなことは言わず、味方であることを伝えるのが一番。何かと相手に頼ってほしい五黄土星の場合、ついつい口出ししたくなりますが、そこはぐっとこらえて三碧木星のやり方を見守りましょう。

五黄土星から三碧木星には

これはNG

「計画性ゼロ」「もっと落ち着いて」

三碧木星は、自分がいいと思った行動に横やりを入れられるのが嫌いです。相手を支配したがる五黄土星は、そんな相手にブレーキをかけたり「そんなことしてると失敗するよ」などと決めつけがちですが、「決めたんだからほっといて」と喧嘩になるのがオチ。気をつけて。

デート&付き合いのトリセツ

スピード感とタイミングが合わないふたりに、何より必要なのは足並みをそろえること。そのためにも、おそろいの靴を買い、同じペースで散歩するのがおすすめです。デートの場所としては、ちょっぴり子どもっぽい三碧木星、スリルの好きな五黄土星の両方が楽しめる遊園地などがいいでしょう。組み合わせでは、五黄土星の男性と三碧木星の女性の場合、主導権を握る男性に女性が合わせるというかたちにすると、うまくいきます。ただ、三碧木星の女性は嫉妬心が強く、縛られた五黄土星の男性が爆発することも多いため、注意が必要です。

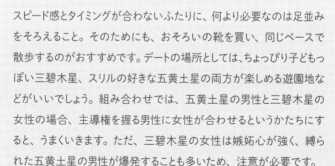

五黄土星×四緑木星の相性は？

47%

ラブラブ度

相性はあまり良くありません。独占欲の強い五黄土星は相手を束縛しがちなため、友だちや仲間との協調性を大事にする四緑木星の運気は下がってしまいます。一方、風の属性をもち、一箇所にとどまらない四緑木星に対して、決断を大事にする五黄土星はその動きをとらえきれずにイライラするでしょう。ただ、同じようなタイプでも、食事に出かけたのに急に「散歩がいい」と言い出す一白水星に比べ、四緑木星は食事のなかで別な選択肢（お寿司じゃなく焼き肉、など）を提案してくれるので、五黄土星にとって扱いやすくはあります。

五黄土星から
四緑木星には

この
言葉

「センスいいよね」
「流行に敏感」

時代の空気を読み、流行りのファッションやスポットに強い四緑木星は、その点をほめられるのを喜びます。デートの時も、友だちにすすめられた場所へふたりで出かけたりするのがうれしいので、一緒に行った時は「いいお店だね」などと共感すると好感度大でしょう。

五黄土星から
四緑木星には

これは
NG

「個性がないね」
「協調性ないね」

友達の影響をすすんで受けて、流行を追うのが好きな四緑木星に対し、オレ様的な美意識の五黄土星は「個性がない」と言いがちですが、それはダメ。みんなとうまくやろうと気をつかっているのに「協調性がない」などと言っては、おとなしい四緑木星もさすがに怒ります。

デート&付き合いのトリセツ

自分にとっての居心地、安心感だけを考える五黄土星は、デートもワンパターンになりがち。一方、変化を好む四緑木星はデートで行く場所にもバリエーションを求めますので、いっそのこと四緑木星がもつ豊富な選択肢に合わせてみましょう。互いの交友関係については、本当に友だちの多い四緑木星に対し、五黄土星のほうは自分が一方的に友だちと思っている場合もしばしば。グループで遊ぶ時なども、好き嫌いで決めつける五黄土星は「あの子と仲良くしないで」などと四緑木星の友人関係を壊し、嫌われることがあるので要注意です。

五黄土星×五黄土星の相性は?

?%

ラブラブ度

五黄土星同士のカップルについては「うまくいっているなら、それでOK」としか言いようがありません。好き嫌いや白黒をはっきりするだけに、シンプルに自分の直感を頼りに進むといいでしょう。あとは、ふたりの上下関係=マウンティングをはっきりさせると良く、親分肌で責任感も意外に強い性質はお互いの情が移ると相思相愛に。五黄土星には「○○してやっている」と〝上から目線〟で尽くす面もありますが、ただでさえ浮気をしやすく、相手の裏切りは絶対に許さないため、破局の際は周囲も巻き込み大荒れになる危険性大です。

五黄土星から
五黄土星には

この言葉

「ありがとう」
「ごめんなさい」

自分が一番で、周囲に感謝したり、素直に謝るのが苦手な五黄土星同士の場合、放っておくとぶつかり合うばかりになりがち。お節介でも相手に尽くす部分はあるので、何かをしてもらったらとりあえず感謝を言葉にし、自分が明らかに悪い時にはすぐに「ごめんなさい」を。

五黄土星から
五黄土星には

これはNG

「(自分は)こういうタイプ」

恋愛に冒険や、謎めいた部分を求める五黄土星の男性は、相手のすべてが見えたとたんに急速に冷めてしまうことも。一方、五黄土星の女性には自分をさらけ出し、そのうえで「自分を好きになって」という複雑な心理があり、互いの恋心がすれ違う原因になりかねません。

デート&付き合いのトリセツ

マグマのパワーが衝突し合い、おだやかには済まない五黄土星同士の場合、食べること、住むことといった日々の基本がカギを握ります。特に、味覚の好みが合うとうまくいきやすいので、デートでは美味しいものを食べる時間を大切にしてください。また、五黄土星は方位図の中心が定位置のため、「土台」となる住まいをしっかりと、ふたりで暮らすなら賃貸よりも持ち家がおすすめです（金銭に細かい五黄土星にはその点でも◎)。ともに強い運の持ち主だけに、「実るほど頭（こうべ）を垂れる稲穂かな」の心境を忘れずにいるとうまくいくでしょう。

五黄土星×六白金星の相性は？

86%

ラブラブ度

相性は抜群で、すべてを思い通りにしようとする強引な五黄土星に対し、六白金星は九星で唯一、正しいか正しくないかで、これを上手に抑えられます。特に五黄土星の男性と六白金星の女性のカップルは、男性の行きすぎたわがままを、女性が直そうとし、それが愛情の強い絆になる場合が少なくありません。マナーや品格、言葉づかいの面でも、一番かまわない五黄土星に対し、きちんとしたい六白金星が上手に導くことで、ふたりそろっていい運気をゲット。五黄土星は損得勘定に敏感なため、ますます六白金星に惹かれていくでしょう。

五黄土星から
六白金星には

この言葉

「品がいいね」
「正しいこと言うね」

身の回りのことすべてに高級志向のある六白金星ですが、単にお金をかけているというより、いいものを選んでいる点を評価されると喜びます。筋道を大切にし、正義の味方である六白金星の意見に耳を傾けることは、五黄土星にとってもきっといい結果をもたらします。

五黄土星から
六白金星には

これはNG

「品がないね」
「それ、間違ってるよ」

ほめ言葉とまったく逆に、品格や行いの正しさに敏感な六白金星は、その部分をきちんと見てもらえないと、がっかりします。自分大好きな五黄土星が、強引で自己中心的な理屈を通そうとすると、正面からぶつかり合ってしまい、それがもとで別れてしまうこともあります。

デート&付き合いのトリセツ

自己満足が強く、デートもワンパターンになりがちな五黄土星と、少し理屈っぽいところのある六白金星のカップルは、どうしてもロマンチックな気分が不足しがちです。それを補うためにも、まずはありきたりな夜景のきれいなレストランやプラネタリウム、星空のきれいな場所などへ行ってみましょう。特に、六白金星の人はそうした場所へ行くと、ふだんより少し優しくなれるので、五黄土星の側も自然にリラックスできるはず。正義感が強過ぎて堅苦しいのが難点の六白金星には、ムードあふれる場所で恋をささやくのがおすすめです。

五黄土星×七赤金星の相性は？

93%

ラブラブ度

五黄土星にとってのベストパートナーで、六白金星に比べて五黄土星の持ち味も活かしつつ楽しく付き合える関係。おもてなし上手で相手を喜ばせるのがうまい七赤金星は、わがままで「かまってちゃん」な五黄土星を幸せな気分にしてくれます。不倫や浮気に走りがちな五黄土星に対しても、七赤金星は「自分が好きならそれで幸せ」と割り切れるため、ひどい修羅場にもなりません。ただ、そんな状況に甘えすぎて五黄土星がダメになるのを感じると、どこまでも尽くす七赤金星は相手のことを考え、自らすすんで縁を切ることもあります。

五黄土星から
七赤金星には

この
言葉

「おもてなし上手」「サプライズ、うれしい」

九紫火星とともに美的センスの高い七赤金星は、記念日の演出なども見せ方上手で、その点をほめると喜びます。あくまで自分の美意識を優先する九紫火星に比べ、七赤金星はあくまで相手に合わせてくれるため、わがままな五黄土星のハートも一発でとらえるでしょう。

五黄土星から
七赤金星には

これは
NG

「センスないね」「なんか、疲れてない？」

自分磨きにも努力を惜しまない七赤金星だけに、それをわかってもらえないとがっかり。相手のことを考えるあまり、神経を使いすぎる七赤金星は、時に自分の身なりに気が回らないこともありますが、そんな時に「疲れてない？」などと言われるのも好きではありません。

デート&付き合いのトリセツ

五行では同じ金の六白金星と七赤金星ですが、六白金星がバッサリ相手の間違いを切るのに対し、七赤金星はハサミを使って悪い部分を細かくカットするようにアドバイス。デートも基本は七赤金星にまかせておくと、センスのいい、流行の遊び方で、視野の狭くなりがちな五黄土星も楽しませてくれるはずです。ただ、五黄土星の最大の欠点である独占欲をむき出しにし、必要以上に嫉妬心を燃やすのは喧嘩の原因に。一方、幸せになりすぎた五黄土星が、持ち味である野心や欲望をなくしてしまうと、恋の炎も一瞬で消えることがあります。

五黄土星×八白土星の相性は？

65%

ラブラブ度

五行では同じ「土」同士で相性自体は悪くありませんが、こと恋愛に関しては微妙に合わない部分があるのがこの関係。八白土星の場合は恋愛＝結婚という意識が強く、自己中心で好きなようにしたい五黄土星は〝重い〟と感じるからです。この組み合わせでは、独占欲の強い五黄土星の側が「自分のことをそんなに好きなんだ」と思えればうまくいきますが、それでも嫉妬深い八白土星には振り回されるでしょう。喧嘩の際は互いに感情をぶつけ合うものの、基本的な相性が悪くないせいか、なんとなく収まる不思議なふたりでもあります。

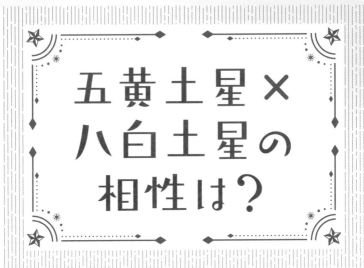

五黄土星から
八白土星には

この言葉

「陽気なんだね」
「優しいんだね」

表情が乏しく、黙っていると不機嫌そうな八白土星ですが、付き合ってみると少しずつ陽気な面が表れます。その部分をほめられると本当にうれしく感じ、それだけで「結婚したい」と思うことも。五黄土星の側は第一印象で決めつけず、常に「発見」する姿勢を忘れずに。

五黄土星から
八白土星には

これはNG

「機嫌悪い？」
「なにムスッとしてるの？」

最初のうちは自分の気持ちを積極的に出せない八白土星ですが、それを不機嫌ととられるのが一番嫌いです。むっつりしていても異性への興味は人一倍という場合も多く、相手から冷たく扱われて傷つくと、それをずっと覚えて根にもつこともありますので要注意です。

デート&付き合いのトリセツ

八白土星は土のなかでも「山」のどっしりした性質と、山の上に広がる「空」の気まぐれな面をもつ複雑なタイプ。恋愛でも、最初は興味を示さなかったのが、2度目に誘ったら積極的というように、わかりにくいところがあります。デートも気分で行きたい場所が変わるので、八白金星の〝マイブーム〟に合わせるのが◎。甘いもの好きという共通点があるため、目先も変わるスイーツバイキングなどはおすすめです。支配欲の強い五黄土星と、根は真面目で思い込みの激しい八白土星はともにストーカー気質があり、別れ話の際は気をつけて。

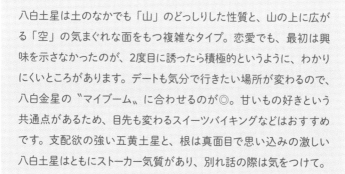

五黄土星×九紫火星の相性は？

73%

ラブラブ度

一見、合わないようで意外にいいのが、このふたり。アーティスト気質で美意識が高く、個性的な九紫火星に対し、普通でないものが好きな五黄土星は強く惹かれ、どう落とそうかと一生懸命になります。子どもの頃からませている恋愛体質の九紫火星は、そんな五黄土星を翻弄しますが、他の人には命令されるのを嫌う五黄土星もなぜか九紫火星には従順です。ファッションなども自己流で、ちょっぴりセンスに欠ける五黄土星には九紫火星の色に染まりたいという願望もあるのでしょう。五黄土星の女性には、特にその傾向が強いようです。

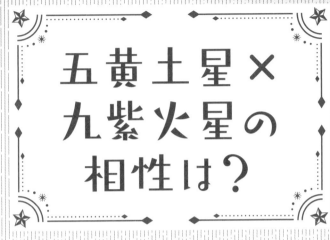

五黄土星から
九紫火星には

この言葉

「センスいいね」
「個性的だね」

オレ様気質で人をほめない五黄土星から、個性的なセンスを持ち上げられると、ただでさえ美意識に自信のある九紫火星はとても喜びます。特に、髪型や持ち物、アクセサリーや靴など具体的なポイントについてほめることが、九紫火星の気持ちをつかむ一番の近道です。

五黄土星から
九紫火星には

これはNG

「そのバッグ、変じゃない？」

美意識に誇りをもつ九紫火星に、見た目をけなす言葉は絶対にNG。アーティストタイプは意外に繊細でガラスのメンタルの持ち主のため、ちょっとした言葉に傷ついて恋の終わりに直結する恐れもあります。五黄土星は何気なく相手を傷つけることが多く、要注意です。

デート&付き合いのトリセツ

美意識とセンスの高い九紫火星のリードで、話題のお店や流行りのスポットでデートするのがおすすめ。東京スカイツリーやあべのハルカス、東京タワーなどの高い場所もオレ様気質のふたりにはぴったりでしょう。このカップルの関係は、九紫火星のセンスと美意識にかかっているため、おしゃれに手を抜いたり体型が崩れると、五黄土星の恋心が冷める恐れがあります。逆に、どんどんセンスを磨いて成長していく九紫火星に対し、どこかの時点で達成感を得たい五黄土星がついていけなくなり、別れにつながるケースも少なくありません。

六白金星《ろっぱくきんせい》の人

論理と正義の人、
恋愛にも向上心を求めるエリート気質

あなたはきっとこんな人

頭が切れて論理的な六白金星は、自分にも他人にも厳しく、中途半端は認めません。真面目すぎるところもあり、恋愛では敬遠されやすいタイプです。一方、正義感が強く、自分より弱い立場の人には優しい側面をもつのが六白金星の長所。率先して後輩や部下の世話を焼きたがるので、上司や先輩の立場になると頼られる存在になりますが、立場が上の人にも悪い点はビシビシ厳しい態度でぶつかっていくため、煙たがられることも。時には相手の弱さやあやまちも受け入れる心の広さを身につけることが、人間関係を良好に保つ秘訣です。

そんなあなたの恋愛は？

出会いの数は少なく、ひとつの恋愛を長く続ける人が多いようです。六白金星はもともと向上心が高く、エリート気質のもち主。恋愛においても、そばにいることで成長できるような相手、たとえば自分より出世している人や経験値が高いと思える相手に惹かれます。結果主義でものを見るため、取得すること

六白金星と相性のいいベスト3

1位	二黒土星	リーダー気質と縁の下の力持ちの理想的なカップル！
2位	八白土星	ある意味で似たもの同士、誰よりも理解しあえる二人に！
3位	五黄土星	意外にも相性良し、五黄土星が唯一言うことを聞く相手！

が難しい資格などをもっている人も大好き。また、極度の負けず嫌いでもあり、告白して一度フラれたとしても「私と付き合えばこんなメリットがある！」と食い下がり、なんとか恋愛を成就させようとするねばり強い一面も見られます。

出会いのパターンは？

きっかけは知人の紹介が多いようですが、マッチングアプリを利用することも少なくないようです。相手のステータスを見やすい点が、データ重視の六白金星には合っているのかも。

ラブラブ期はこんな感じ

価値観を大切にする六白金星は、相手も自分と同じ考え方をしているのがわかると安心できます。ふたりの気持ちが寄り添うのは、社会情勢や政治などのニュースについて話し合う時間。善悪の基準を共有できることが、正義感の強い六白金星にとっては大切なことのようです。さらに、お互いが付き合ううえでのルールを守れていれば、ますますいいでしょう。

破局はこうして訪れる

お互いの正義感にズレが生じてしまうと、関係がギクシャクしがち。六白金星は筋が通っていることを第一と考えるので、自分が間違っているとわかれば、潔く間違いを認めるでしょう。しかし、相手の言い分が正当だとわかっていても、「自分も間違っていない」と思ってしまうと譲れません。言い合いに発展して、喧嘩別れになってしまうこともあります。

十二支による違いをチェック

間違いをおかさず、清く正しい道をしっかり歩もうとする六白金星は、あまり変化を求めないタイプ。そんな六白金星のなかでも、辰年生まれだけはアクティブで挑戦的。行動力に優れていて失敗を恐れません。新しいことに取り組み続ける辰年は経験値もアップします。

ラッキーナンバー

5

行動力、聞き上手の特徴をもった数字。恋愛はある意味でスキのつくりあいですので、融通が効かない六白金星の特徴を多少はやわらげてみること。そうなれば、恋愛運も上昇します。

ラッキーカラー

パステルオレンジ

オレンジは親しみやすさを感じさせる色。ちょっぴり堅苦しさを感じさせる六白金星の第一印象をやわらげて、相手に好かれやすくなるために取り入れたいカラーです。

ラッキーアクション

神社、仏閣を訪れる

伝統や歴史が好きな六白金星。無駄に感じる時間の使い方を嫌い、遊びに行くにも学びのある場所を選びたがる傾向があるので、お寺や神社の参拝は運気上昇にぴったりです。

ラッキーアイテム

自分だけのお守り

現実主義の半面、科学では証明できない不思議な力にも興味と理解を示すのが六白金星の特徴。祖父母の形見の品など、大事に引き継がれてきたものをもっていると良いでしょう。

掃除するといい場所

北西

北西は、六白金星のもつ正義感のエネルギーが集まる方角。自宅や部屋などでこの方角に当たる場所をきれいにしましょう。自分の長所を発揮することで、運気も自然とあがります。

六白金星×一白水星の相性は？

67%

ラブラブ度

自由でマイペースな一白水星と厳格な六白金星は、一見、水と油のように思えますが、相性は悪くありません。気ままな一白水星を六白金星がリードできれば、ベストです。一白水星は六白金星を頼れる相手だと思ってくれているので、無理に引っぱろうと意識する必要はありません。自由をもっとも優先しようとする一白水星に対しては、束縛するのはもちろん、考え方を押し付けるようなことをしないのが得策でしょう。六白金星が持ち前の指導精神から、細かいことをいちいち指摘するようになると、ふたりの関係は壊れやすくなります。

六白金星から一白水星には

この言葉

「芯があるね」

他人の色に染まりやすい一白水星ですが、「自分は芯があるタイプだ」と思っています。また、目標をもつことを何より大切にしている六白金星を「真面目で芯の通った人だ」と見ています。だからこそ、六白金星からこのようにほめられると素直にうれしくなるのです。

六白金星から一白水星には

これはNG

「やりたいことないの？」

目標や目的を大事にする六白金星からすると、付き合う人によって趣味やファッションが変わる一白水星をふらふらしている人と思い込んでしまいがちです。ただ、心の底では芯がないと言われることを嫌う一白水星には、これはもっとも避けるべきひと言です。

デート&付き合いのトリセツ

デートは、相手の好みに上手に合わせられる一白水星に甘えて、自分の好きな場所、行きたい場所をセレクトするのがいいでしょう。六白金星の人は、何をするにしても時間を無駄にせずに学びを得たいと考える傾向にあります。それゆえ、歴史上の建造物や博物館、美術館が好きな人が多いようです。デートプランも六白金星が考えてあげても良いでしょう。一白水星は一箇所にとどまるよりいろんな場所へでかけることが好きなタイプ。こだわりは強くないので、お出かけに連れて行ってあげるだけでも、十分喜んでくれるはずです。

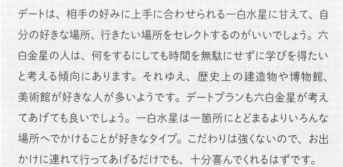

六白金星×二黒土星の相性は？

87%

ラブラブ度

六白金星は気質として、お父さんのような雰囲気をもっています。対する二黒土星はお母さん気質。厳しい六白金星と優しい二黒土星はお互いの強すぎる部分を抑え、弱い部分を補い合う関係になれるでしょう。基本は頑固な六白金星ですが、自分のことを思ってくれていると理解できれば、批判的な意見でも素直に聞き入れる側面もあります。愛情深い二黒土星からの注意なら素直に応じられるはずで、相性は抜群です。ただし、二黒土星が家庭的になりすぎて魅力を失うと、色気に弱い六白金星が浮気に走ってしまうこともあるので要注意。

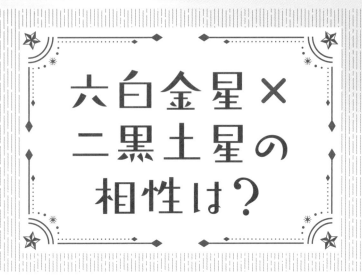

六白金星から
二黒土星には

この言葉

「いつも支えてくれて、ありがとう」

二黒土星は縁の下の力持ちタイプ。努力をしていても地味で目立たないため、なかなか評価してもらえません。そんな時、いつもサポートしてくれていることに感謝すれば、それだけでも素直に喜んでくれるでしょう。お世辞のない六白金星の言葉ならば、なおさらです。

六白金星から
二黒土星には

これはNG

「厳しすぎるよ」

二黒土星からすれば、自分を棚に上げて文句を言わないでほしいと感じるひと言でしょう。六白金星と同様、臆することなく意見を言う二黒土星は、時に厳しいようにも感じられますが、それはすべて愛情ゆえの言葉です。まずは、その気持ちに寄り添うことが大切です。

デート&付き合いのトリセツ

この組み合わせは、ともに親切心から相手に合わせてしまう場合があるので、順番を決めてお互いの行きたい場所へ出かけるのがおすすめ。ただし、誕生日や記念日のデートは二黒土星にまかせるのが良いでしょう。段取り上手で、計画力のある二黒土星なら素敵な一日にしてくれるはずです。六白金星と二黒土星のカップルの場合、特に戌年と寅年のふたりは最高の相性と言われます。六白金星の戌年は周囲から期待される人物で、二黒土星のなかでも寅年は特にサポート力に優れるタイプ。お互いに支え合える、最高の関係になれるでしょう。

六白金星×三碧木星の相性は？

29%

ラブラブ度

基本的に考えが合わないふたりで、残念ながら相性は良くありません。三碧木星はスピード重視で行動力に優れ、陽気な人。半面、しばしば先を考えずに行動するところがあり、六白金星はそんな三碧木星に「計画性がない」と文句をつけがちです。自分の好きなように動きたい三碧木星からすると、目の上のたんこぶのように思ってもおかしくないでしょう。ふたりとも我が強いので衝突は避けられず、穏やかな関係を続けるのは難しいようです。六白金星の人は意見を押し付けず、マイペースに動く三碧木星を離れて見守るのが良いでしょう。

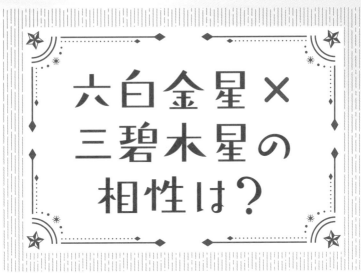

六白金星から
三碧木星には

この言葉

「面白いね」

考え方も行動の仕方もまったく違うので、六白金星から「面白い」と言ってあげると三碧木星には喜んでもらえます。自分とは違った魅力があるのを認め、そのことを伝えるのがいいでしょう。この組み合わせの場合、違いをわかり合うことが関係を長く続ける秘訣です。

六白金星から
三碧木星には

これはNG

結果を先に言ってしまう

論理的に考え、結果を予測して行動することの多い六白金星は「そんなことをしても、うまくいかないよ」などと、三碧木星の行動にケチをつけてしまいがちです。三碧木星は自分の動きに文句をつけられたり、制限されることを極端に嫌うので、特に気をつけましょう。

デート&付き合いのトリセツ

デートは、六白金星の好みに合わせてもらうといいでしょう。六白金星の人は高級志向で。無農薬野菜のみを使ったレストランなどに喜びます。このふたりは、訪れたり、食べたりすることで、自分を高めてくれるスポットを好むため、相手に自分の好きなもの、行きたいお店などを伝えておき、三碧木星にデートプランを考えてもらうのがおすすめです。また、三碧木星は自分のペースで行動したい面があり、デートも目的地まで別行動で現地集合が基本。六白金星は移動時間を一緒に過ごせないことに、文句を言わないようにしましょう。

六白金星×四緑木星の相性は？

35%

ラブラブ度

白黒はっきりさせたいタイプの六白金星は、つい正論を突きつけがち。一方の四緑木星は理屈っぽさがありつつも、感情を優先する面もあります。そんな組み合わせだけに、六白金星のリーダー気質がプラスに働けば付き合いが長続きすることもありますが、基本の相性は良くありません。一見うまくいっているようでも、六白金星が四緑木星を無理に従わせているケースは少なくないようです。行動に意味を持たせたがる六白金星は、四緑木星のやることにいちいち文句をつけるため、本来のアクティブさが失われてしまう傾向もあります。

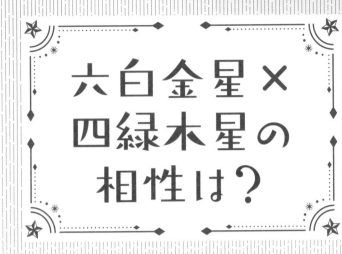

六白金星から
四緑木星には

この言葉

「成長してるね」
「決断力が身についたね」

六白金星の場合、一白水星に対するのと同じく、四緑木星に対しても育成する側に回るケースが多いようです。成長を見守ってあげるのは、六白金星にとってうれしいことでもあります。ただし、気をつけるべきは、相手の行動にいちいち口を出しすぎないこと。

六白金星から
四緑木星には

これはNG

「早く決めて」

優柔不断な四緑木星と、意味のある行動だけをしたい六白金星の性格の不一致は、しばしば喧嘩の原因となります。すぐに決める方がいいこともわかっているけれど、四緑木星からすれば「少しは自分の好きにさせてほしい」と、うんざりしてしまうひと言です。

デート&付き合いのトリセツ

六白金星のリーダー気質を生かして、デートでも四緑木星をリードしてあげるのが良いでしょう。四緑木星は海辺と相性がいいので、夜の海辺で六白金星の好きなキラキラした星空を一緒に見るのがおすすめ。一方、流行に敏感な四緑木星がデートプランを考える場合は、六白金星の知らないスポットへ行くとうまくいきます。そんな時に気をつけたいのは、六白金星の側が「ここ行って、何か意味あるの?」などという発言をしないこと。自分のメリットや学びにつながることばかりでなく、純粋にデートを楽しむ気持ちも大切にしましょう。

六白金星×五黄土星の相性は？

81%

ラブラブ度

意外にも、悪くない相性のふたり。六白金星の厳格さ、正義感がうまく働き、自己中心的な側面のある五黄土星の行動を抑えられます。他の人では振り回されてしまう五黄土星とも、きちんと筋の通った六白金星なら対等に付き合えるでしょう。九星のなかで唯一、力で五黄土星に対抗できるのが六白金星とも言えます。五黄土星からすると行動を制限されるので、最初は嫌悪感を示すことも多いかもしれません。しかし、合理的な判断をする六白金星のアドバイスを「役に立つ」と感じるようになれば、五黄土星もついてくるようになります。

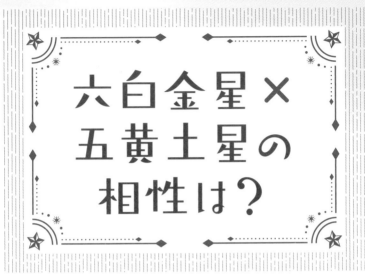

六白金星から
五黄土星には

この
言葉

「一緒に頑張ろうね」

五黄土星は前に出たいタイプなので、陰で応援してあげるのが一番仲良くいられます。ともに我の強い面があるため、ふたりが同じ位置にいようとすると衝突することが多いかもしれません。六白金星のあなたが大人になって、少し引いてあげるのが大切です。

六白金星から
五黄土星には

これは
NG

「器が小さい」

見栄っ張りな五黄土星は、実は人からどう見られているかをとても気にする性格。人前に出て、大きなことを成し遂げたいと考えるなど野心家な一面もあります。そんな五黄土星にとって、六白金星からこんな言葉をビシッとかけられるのは、とても耐えられないでしょう。

デート&付き合いのトリセツ

ふたりともファッションや流行には強くないので、デートスポットはありきたりでもかまいません。六白金星の好きな夜空が見えるレストランや、プラネタリウムに五黄土星を連れて行くのもおすすめです。五黄土星に高圧的な態度をとりがちな六白金星ですが、ロマンチックなデートでは自然と相手に優しくなれるでしょう。約束事に厳しい性格の六白金星の人は、五黄土星の相手がデートに遅れてきたり、レストランでマナー違反をしていても怒りすぎず、優しく注意してあげましょう。せっかくのデートを気分よく楽しむための心がけです。

六白金星×六白金星の相性は？

48%

ラブラブ度

相性が悪いわけではありません。ぴったりと同じ価値観をもっている者同士ならいいのですが、ひとつでも違う部分があるのがわかると、うまくいかなくなることが多い関係です。お互い頑固なので、口喧嘩になると譲れなくなります。上手に付き合うには、ふたりの間で決めたルールをお互いにちゃんと守ること。その場合も、ルールの数を増やしすぎないよう注意しましょう。そのバランスを間違えるとルールを守るのが難しくなり、重箱の隅をつつくようにお互いのルール違反に文句をつける、泥沼のような喧嘩が起こる結果になります。

六白金星から
六白金星には

この言葉

「目標に向かって頑張ってるね」

六白金星は将来をきちんと考え、目標をもって行動する人を理想とします。似ているからこそ、相手が努力しているポイントを誰よりも明確に見つけてあげられるはず。相手が何かの目標へ向けて頑張っている時、この言葉をかけてあげるとふたりの絆は強まります。

六白金星から
六白金星には

これはNG

「厳しすぎる」「細かすぎない？」

同じ欠点をもっている者同士なので、当然のように相手も同じ不満をもっています。こんなことを言えば、きっと「自分を棚にあげないで」と反論されるでしょう。妥協できないふたりだけに、ささいな文句の言い合いから、果てしない喧嘩が始まってしまいかねません。

デート&付き合いのトリセツ

六白金星同士なら、お互いに好きなデートスポットも似ていて当然。神社や仏閣、世界遺産など、歴史的、文化的な価値の高い場所を訪れるのが一番楽しいデートになるはずです。おうちデートなら、ハッピーエンドなストーリーが楽しめる映画やドラマの鑑賞もおすすめ。ふたりともトレンドやおしゃれには関心が低いため、色気がなく、カップルらしいデートにならないかもしれませんが、それでOK。関係がぎくしゃくしている時は、六白金星の運気を上げる天体観測など、星空の下でなら優しい気持ちになれるので、仲直りにもいいでしょう。

六白金星×七赤金星の相性は？

71%

ラブラブ度

まあまあ悪くない相性です。七赤金星からすると、六白金星はハメを外しすぎるのを注意してくれる貴重な相手。コミュニケーション能力が高い七赤金星は聞き分けがよく、六白金星の側も話を聞いてくれる相手なので、ストレスなく関係を続けられるはずです。ただし、六白金星が七赤金星の意思を尊重せず、指示ばかりしていると関係が悪化することも。七赤金星は直感力に優れたところもあり、自分の判断への自信が強いタイプ。そんな相手に選択肢を押し付けるような態度ばかりとっていると、不信感を抱かせる原因になりかねません。

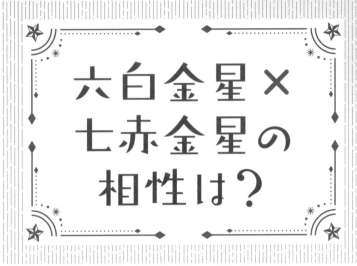

六白金星から
七赤金星には

この言葉

「一緒にいると明るくなれる」

社交的で陽気、交友関係の広いのが七赤金星の長所。堅苦しい面の多い六白金星からすると、自然とでてくるほめ言葉でしょう。おもてなし上手で、いつも相手の喜ぶことを考える七赤金星も、自分のコミュニケーション能力の高さを認めてもらえてうれしいはずです。

六白金星から
七赤金星には

これはNG

「ゆるすぎない？」

七赤金星は器が大きく、いろいろなことを許してあげる傾向があります。そんな長所も、厳しい六白金星からすると「何でもかんでも受け入れすぎじゃない？」と見えてしまうかもしれません。でも、そこは相手の長所と理解し、なるべく言わないようにしてください。

デート&付き合いのトリセツ

デートは七赤金星にまかせるといいでしょう。あまり行動に変化のない六白金星にとっては、七赤金星おすすめのスポットを訪れることで思わぬ刺激を得られるはずです。六白金星は無駄を省いて、効率的に、何かの学びになるように時間を使いたいという考えが根底にあり、ただ楽しいだけの場所には満足しないかもしれません。そんな時は、無駄な時間と思い込まず、楽しい場所へ行って自分の新たな興味を発見するよう意識すれば、七赤金星の誘いをむげに断って関係にヒビを入れることもなくなるでしょう。恋は理屈ではありません。

六白金星×八白土星の相性は？

83%

ラブラブ度

似ている部分が多いふたり。真面目でコツコツと経験を積むタイプで、相性の良い関係です。六白金星は正義感が強く、ルールをきちんと守る八白土星の古風な性格が気持ちいいのでしょう。ただ、気になるのはどちらも融通がきかない頑固なタイプという点。将来のことなどで一度すれ違いが起きてしまうと、果てしなく話し合いが続くこともあります。六白金星としては八白土星の気分のムラが気に入らず、意見が変わるのを責めてしまいがちですが、それも×。最終的に自分の意見を通すにしても、頭ごなしに否定するのは避けましょう。

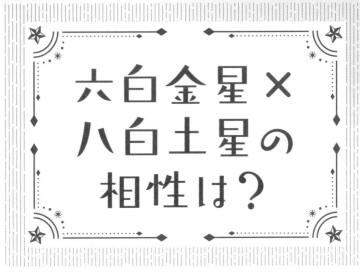

六白金星から
八白土星には

この言葉

「真面目なところが似てるよね」

お互い、頭が堅いことは自覚しています。それだけに、相手の良い点だけでなく、悪い点を受け入れ、責めるのではなく「自分と同じだね」と伝えてあげると八白土星はホッとします。似たもの同士の六白金星だけが、八白土星に伝えて喜ばれるひと言です。

六白金星から
八白土星には

これはNG

「ころころ変わらないで」

根は頑固ながら、気分屋な側面ももつ複雑な気質の八白土星。さっきまで「ラーメンが食べたい」と言っていたのに、急に「イタリアンがいい」と言い出すこともしばしばです。それでも本人には本人なりの理由があるため、このように決めつけられるのは心外に感じます。

デート&付き合いのトリセツ

八白土星も高級志向な部分があるので、ここは六白金星がデートプランを決めるとうまくいきます。いつも立ち寄るレストランより、ちょっと高めな場所を選んだり、もしくは珍しい商品が売られているお店に出かけたりすると良いでしょう。ふたりとも変化を好まないタイプであり、行き慣れた場所へ行くのももちろんおすすめ。特に、喧嘩をした時などは、思い出の場所に連れて行ってください。身内を大事にする傾向のある八白土星は、好きだった気持ちさえ思い出せば、もう一度相手を大切にしようと思ってくれるはずです。

六白金星×九紫火星の相性は？

33%

ラブラブ度

残念ながら相性は良くないふたり。九紫火星は直情的で子どもっぽい面があるのに対し、六白金星は厳格な父親のような性格の持ち主のため、お互いに意見がぶつかりがちです。そんな時、感情でものを語る九紫火星のほうの分が悪いですが、お互いに譲るという態度は期待できません。頭を下げたくない九紫火星と、正しいことを理解させたい六白金星の口論は長続きしやすく、お互いが疲れきって喧嘩別れにつながってしまうことも。六白金星は理屈で九紫火星の言い分を押し負かそうとせず、感情に寄り添う気持ちをもつのが得策です。

六白金星から
九紫火星には

この
言葉

「きらきらしてるね」

九紫火星は個性的なファッションを好むので、周囲からはセンスが理解されないと感じることも少なくありません。この言葉をかけることで「自分のセンスを理解できる人」と、どちらかと言うとセンスに欠ける六白金星に対しても、一目置くようになるでしょう。

六白金星から
九紫火星には

これは
NG

「もう飽きたの？」
「それ無駄じゃない？」

直感で動く九紫火星は、自分の行動の「先を読む」という発想がありません。熱しやすく冷めやすい性格でもあるので、少しでも文句を言われると、とたんにやる気を失ってしまいます。堅実で理論的な六白金星の考え方は、九紫火星には理解しにくいと理解しましょう。

デート&付き合いのトリセツ

歴史的な場所、勉強になる場所を訪れるのが好きな六白金星からすると、人が集まる流行りの場所が好きな九紫火星に共感するのは難しいかもしれません。それでもデートしたいなら、九紫火星のセンスに合わせたデートプランが無難です。六白金星は新しいものごとへの抵抗が強いタイプであり、フットワークの軽い九紫火星についていくことが、自分のこり固まった考え方に刺激を与えるチャンスでもあります。六白金星にはおしゃれに無頓着な人も多いので、おしゃれな服屋などへ行き、九紫火星に服を選んでもらうのもおすすめです。

七赤金星《しちせききんせい》の人

気づかいとおもてなし、九星ナンバーワンの恋愛上手

あなたはきっとこんな人

生まれながらのおもてなし上手、サプライズ好きで、周囲を喜ばせるのが得意なタイプ。おしゃれで明るく、誰とも楽しく付き合えるタイプですが、センスの面では個性的な美意識の九紫火星よりもバランスが良く、対人関係ではコミュ力の高い四緑木星よりも「パリピ」なのが大きな違い。相手との距離感や空気感を大切に、上手に気をつかいながら自分もしっかり楽しむので、まわりに負担を感じさせることもありません。七赤金星が、どっと気疲れしている自分に気付くのは、実はパーティーが終わってひとりきりになった時です。

そんなあなたの恋愛は？

相手を常に楽しませ、喜んでもらうのが大好きな七赤金星は、恋愛でも恋人やパートナーに尽くすタイプです。人生において、楽しさやワクワクする気持ちを追い求めるため、恋に落ちるのもあっと言う間。九星でも、ほとんどの相手とラブラブな関係が育める最強の〝恋愛上手〟と言えるでしょう。お互い

七赤金星と相性のいいベスト3

1位	五黄土星	「尽くし」と「わがまま」が奇跡的にぴったりの、不思議なふたり！
2位	一白水星	九星で一番の色気を、気配り名人が上手に引き出すカップル！
3位	二黒土星	外への気づかい、家庭での気配り、支え合う関係がうまくいく！

のハッピーな関係を大切に、相手の浮気もある程度は見て見ぬふりをし、自分も浮気をしがちな面があるなど、落ち着いた恋人同士というよりは、ちょっぴり刺激的でハラハラさせる愛人気質が、七赤金星の恋のスタイルかもしれません。

出会いのパターンは？

華やかな場所や時間を好み、パーティーやイベントなどに参加する機会も多いので、異性との出会いには不自由しません。ひと目ぼれや、ナンパによる恋が多いのも特徴です。

ラブラブ期はこんな感じ

愛人気質の持ち主ではありますが、ひとたび本気で付き合った相手とは基本的に長い関係を続けるのも、この星の特徴です。おもてなし上手で尽くす愛をつらぬくため、比較的長い期間、ラブラブなふたりでいることができるでしょう。一方で、感傷的でさびしがり屋な部分があり、相手の裏切りにも平気な顔をしつつ、内心ではひどく傷つく場合もあります。

破局はこうして訪れる

相手の喜びを第一に、尽くす恋に生きる七赤金星の場合、「この人に尽くしても意味がない」と感じたり、尽くし疲れてしまった時がピンチです。そうなると、これまでの反動で一気に倦怠期におちいって、自分のことばかりを考え、いよいよ浮気にも走りがち。愛人気質の悪いところが一気に噴出し、別れる時にドロドロの修羅場になるケースも少なくありません。

十二支による違いをチェック

恋愛に発展するのが速い七赤金星でも、特にその傾向の強いのが午年。また、子年は略奪愛に走りがちで、その才能（？）にも恵まれているので要注意です。一方、卯年は自分への興味が強く、七赤金星とは正反対の「自分についてこい」の恋愛になることもあります。

ラッキーナンバー

11

素直さや自然体を象徴する数字で、恋の相手や友だちのため、知らず知らずに無理をしがちな七赤金星にはぴったり。11 には状況、環境、流れが味方につくという意味もあります。

ラッキーカラー

キラキラした色

基本的に「パリピ」気質の七赤金星には、ラメが混じったような華やかな色がおすすめ。ホワイトパールやゴールド、夜景にきらめくイルミネーションの光などもいいでしょう。

ラッキーアクション

イベントに行く

何よりも社交性を高めることで、ハッピー&ラッキーになれるのが七赤金星。たくさんの人と出会えるイベントに参加するのは、運気とエネルギーをたくわえるのに最適です。

ラッキーアイテム

アクセサリー

華やかでセンスのいい七赤金星の運気を上げるのが、ネックレスなどのアクセサリーです。特にキラキラしたゴールド系で、きちんとしたハイブランドのものがいいでしょう。

掃除するといい場所

西

22 ページの方位図を見てもわかるように、西は七赤金星の〝定位置〟です。そんな自分の方位に当たる場所を掃除することで、社交性はますます高まり、恋愛や結婚運は高まります。

七赤金星×一白水星の相性は？

85%

ラブラブ度

抜群の相性です。付き合い上手で、相手を楽しませる才能に恵まれた七赤金星なら、コミュニケーションが苦手で、気ままな面もある一白水星の気持ちを上手に引き出すことができるでしょう。一白水星の側からすると、華やかに輝いて見える七赤金星には強い憧れを感じるはずです。七赤金星がリードすることでお互いに幸せな関係を育てられるふたりですが、一白水星がそんな状況に甘えてしまうのだけは要注意。相手に尽くす七赤金星も、反応があまりに薄いと冷めてしまうため、一白水星は常に感謝の気持ちを忘れないことです。

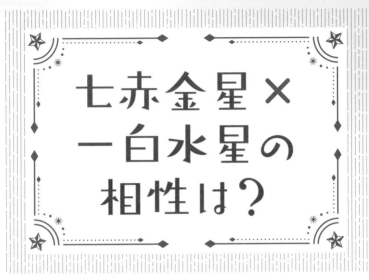

七赤金星から一白水星には

この言葉

「変わらないね」

一見すると気ままで、とらえどころのない一白水星ですが、自分ではその意識がありません。それだけに「芯の部分は変わらない」とわかってくれることに、うれしさを感じます。九星ナンバーワンの一白水星の色気を、上手に引き出せるのは七赤金星だからこそです。

七赤金星から一白水星には

これはNG

冷たいものを食べるのを止める

相性のいいふたりの間で、強いてあげるならこの行動。水の属性をもつ一白水星にとって、冷たいものやお酒を止められるのは、本能的に嫌なことだと理解しておきましょう。特に味覚に自信のある七赤金星の場合、食べ物についてだけは発言に注意が必要です。

デート&付き合いのトリセツ

ふたりの関係は、基本的にリードのうまい七赤金星が仕切ることで、うまくいきます。デートの際も、おもてなし上手な七赤金星なら、一白水星の気まぐれにも戸惑ったり、怒ったりすることなく、その都度ベストな対応ができるはずです。特にふたりの記念日などは、とっておきのサプライズを用意してくれるので、反応の鈍い一白水星も喜んでくれるでしょう。おすすめはおしゃれなバーや、渓流に近い場所でのキャンプや釣りなどで、水に関係したシチュエーションが一白水星の心を優しくほぐしてくれるに違いありません。

七赤金星×二黒土星の相性は？

81%

ラブラブ度

お互いを補い合うことのできるふたりで、とても相性の良い組み合わせです。五行で見ても、火が燃えることで灰＝土が生まれるという、相手を生かせる関係にあります。七赤金星も二黒土星も、ともに世話好きではありますが、七赤金星が外部の人との付き合いが上手なのに対し、二黒土星は家庭や家族の世話を焼くのが得意なため、ふたりがそろうと実にバランスの良いカップルになるのです。ただ、意外にも七赤金星の影響でセンスが良くなったり、人付き合いがうまくなった二黒土星が浮気に走ることもあり、その点だけは要注意でしょう。

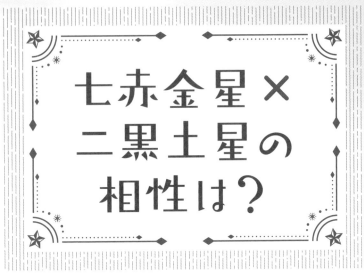

七赤金星から
二黒土星には

この言葉

「料理（洗濯）上手だね」

男女を問わず、家庭的なことが得意な二黒土星にとって、料理や洗濯、掃除などの家事全般が上手なことをほめられるのは、何よりの喜びです。ほめる時はできるだけ具体的に、料理なら味のこと、洗濯ならたたみ方がうまいなどと言葉にするのが効果的です。

七赤金星から
二黒土星には

これはNG

「地味すぎない？」

キラキラと華やかな装いが似合う七赤金星からすると、落ち着いた趣味の二黒土星のセンスは時に地味に見えるかもしれません。二黒土星としては「それでいい」と思っているので、その点を指摘すると「そっちが目立ちすぎるからじゃない？」と反論されてしまいます。

デート&付き合いのトリセツ

ふだんから、周囲や家族への気づかいをしているふたりだけに、カップルで行動する際はいつもよりもリラックスできるようにしましょう。デートの際も、リードの上手な七赤金星が「仕切らないと」と頑張りすぎると疲れますので、時には二黒土星についていくのが無理なく長続きするコツです。特に、家庭的なことが得意な二黒土星は記念日を大切に考えるので、そういう日こそまかせてみてください。こまやかで愛情たっぷりのおうちデートなどで、サプライズに自信のある七赤金星も心から楽しめる、素敵な時間が過ごせるでしょう。

七赤金星×三碧木星の相性は？

58%

ラブラブ度

五行では、金属（刃物）が木を切り倒す関係で、けっして良いとは言えないふたり。ただ、同じ金属でも七赤金星は六白金星のように相手をズバッと切るのではなく、ハサミのようにちょこちょこと整える方向で接するため、行動派の三碧木星も悪い気はしません。それ以上に、三碧木星にとって七赤金星のセンスや気づかいは好ましく感じられ、実際に付き合うと意外なほどうまくいくカップルだったりします。七赤金星の面倒見の良さは、多少ぶっきらぼうなところのある三碧木星の心をくすぐり、それが恋のきっかけになるようです。

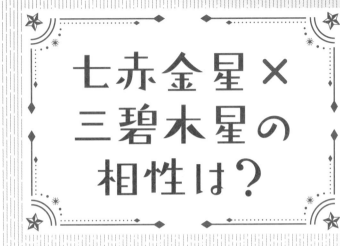

七赤金星から三碧木星には

この言葉

「シンプルでいいね」

とにかく行動に移してしまいたい三碧木星には、多少とも準備不足のところがあります。七赤金星にしてみれば「もっときちんと計画を立てればいいのに」と感じるかもしれませんが、そこをこらえて〝男前〟の行動力をほめてあげると、うまくいくでしょう。

七赤金星から三碧木星には

これはNG

「シンプルすぎるよ」

ほめ言葉とはまったく逆に、三碧木星にとって言われたくない言葉です。たとえば靴を選ぶ場合にも、動きやすいことを第一にする三碧木星に対し、七赤金星は「もう少し見映えを考えたら」などと言いがちですが、それは相手にとっては余計なお世話でしかありません。

デート&付き合いのトリセツ

好きなことにはまっしぐらで突き進む三碧木星を相手にする場合、段取りと準備を重んじる七赤金星は、自分の気持ちを多少おさえるのが得策。デートの際も柔軟性のある七赤金星が三碧木星の好みに合わせるとうまくいきます。七赤金星としては、たとえば二段構えのデートプランを用意し、サプライズを演出するといった方向で自分自身も楽しむのもひとつの方法。三碧木星の好きな海辺に出かける時など、花火が上がったり、星空が美しかったり、そんな場所とシチュエーションを選べば、ふたりの時間は最高に盛り上がるでしょう。

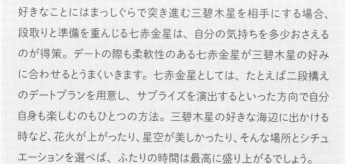

七赤金星×四緑木星の相性は？

67%

ラブラブ度

五行の関係からは金属と木で相性の良くないはずのふたりですが、実際に付き合うと意外にうまくいきます。特に四緑木星は七赤金星と並び、気づかいが上手で友だちや仲間も多いため、それぞれの友人に紹介されるなどで出会い、恋に落ちるパターンが少なくありません。センスのいい七赤金星は、流行に敏感な四緑木星からみて憧れの存在であり、付き合うことで美意識に磨きがかかって綺麗になるのも大きなメリット。ただ、同じように社交性のあるふたりでも、七赤金星は時に浮気に走る傾向があり、その点には注意が必要でしょう。

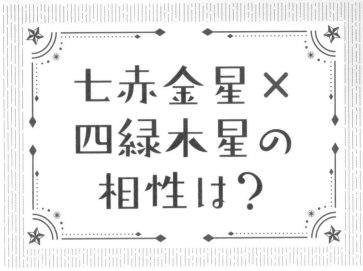

七赤金星から四緑木星には

この言葉

「人付き合いが上手」「友だちが多いね」

七赤金星と四緑木星は、どちらも社交的で友人ができやすいタイプのため、それを素直にほめると喜んでくれるでしょう。互いのグループには微妙な違いがあり、七赤金星からすると四緑木星の友だちは「ちょっとフツー」かもしれませんが、そこは言葉に出さないのが◎。

七赤金星から四緑木星には

これはNG

「人付き合い考えたら」「実になることとしたら」

七赤金星が仲間と互いに向上しようと考えるのに対し、四緑木星はとにかくみんなと仲良くするのが幸せという立場。七赤金星からすると「もっと意味のある仲間と付き合えば」という気分になりますが、そうした上から目線の決めつけは四緑木星には面白くありません。

デート&付き合いのトリセツ

友だちが多い七赤金星と四緑木星の場合、出会いのきっかけも友人の紹介ということが多く、付き合い始めや告白までの時期はダブルデートやグループデートがおすすめ。人気者のふたりを周囲が応援し、うまくいく可能性が高まります。ふたりで過ごすなら、七赤金星の時間帯である夕方から夜（定位置が日没の方角の西にあるため）にかけて、おしゃれなバーやカフェに行きましょう。一方、四緑木星は昼が行動時間のため、似た者同士のようで実は大きな違いがあるふたり。別れる時も、正面衝突して大ゲンカするようなことはありません。

七赤金星×五黄土星の相性は？

88%

ラブラブ度

気づかいとおもてなしの心をもつ七赤金星が「この人は自分がついていないとダメ」と、「自分が一番！」な五黄土星に尽くすため、組み合わせとしてはベストです。七赤金星は六白金星とは違い、五黄土星の持ち味も生かしつつ上手にあやしてくれる貴重な存在。浮気や不倫に走りやすい五黄土星に対しても、ふたりの関係が楽しく続くことを優先する七赤金星は激しい嫉妬を燃やすというより、「最後は自分のところへ戻ってくる」と修羅場になることはあまりありません。もちろん、それがふたりにとって本当にいいかは別問題ですが……。

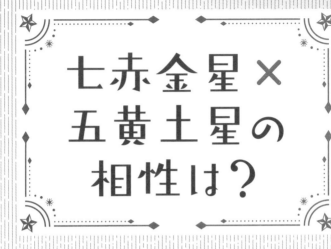

七赤金星から
五黄土星には

この
言葉

「強いね」
「頼れるね」

五黄土星にとって、最もうれしいのがこう言われること。リーダー（親分）として優れている点、恋人やパートナーとして頼れる点をほめてあげましょう。九星イチのほめ上手である七赤金星の言葉なら、疑り深い五黄土星も心から喜ぶに違いありません。

七赤金星から
五黄土星には

これは
NG

「協調性をもって！」

五黄土星に対しては、誰もが感じる不満です。それでも、これを口にすると「こっちだって考えてるし」とか「頼んでないし」と反論されるのがオチ。もっとも、相手を喜ばせることが幸せという七赤金星であれば、こうした不満を感じること自体めったにないでしょう。

デート&付き合いのトリセツ

デートの時は、サービス精神にあふれる七赤金星が、さりげなくリードするのがいいでしょう。センスの良い、流行りのスポットへ一緒に行くことで、トレンドにはちょっぴりうとい五黄土星も楽しめるはずです。「わがまま」と「尽くし」でバランスの取れたふたりですが、五黄土星の独占欲がやきもちにつながって、つまらない喧嘩が起きることも。また、幸せすぎる五黄土星が持ち味の強い野心や欲望を失ってしまうと、七赤金星は「このままでは相手がダメになる」と自ら身を引く、究極の「尽くし愛」を示したくなるかもしれません。

七赤金星×六白金星の相性は？

65%

ラブラブ度

金星同士、けっして悪くはありませんが、最高！というほどでもない関係です。コミュニケーション能力の高い七赤金星は、自分の思う「正しい道」を押し付けがちな六白金星にもうまく対応するでしょう。あるいは、「パリピ」気質で時にハメをはずす自分をしっかりつかまえてくれる六白金星に、頼りがいを感じるかもしれません。ただ、七赤金星にとって子どもっぽさが逆に「かわいい」五黄土星に比べ、厳しい親のように接することの多い六白金星は、時に「うるさい」と思うこともあり、そこが最高の相性にならない理由と言えます。

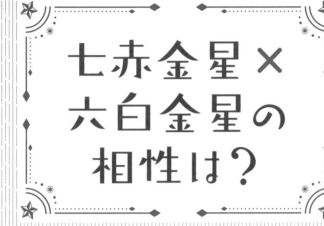

七赤金星から
六白金星には

この言葉

「正しい判断をしてくれる」

理解力に優れ、聞き分けのいい七赤金星が六白金星に言うなら、この言葉です。世の中の道理を大切に、正しいこと、悪いことをきちんと見分け、説得できる六白金星には、その点をほめるのが一番。特に、六白金星に叱られたり、注意された際、こう答えると効果的です。

七赤金星から
六白金星には

これはNG

「頭が固すぎるよ」

六白金星の持ち味である正義感は、しばしば行きすぎて「融通がきかない！」と周囲をイライラさせることも。基本的に聞き分けのいい七赤金星でもカチンとくることはあると思いますが、これを言うと六白金星はますますムキになってしまうので、気をつけましょう。

デート&付き合いのトリセツ

デートの際は、七赤金星がリードしましょう。行動のパターンに変化の少ない六白金星も、七赤金星の「推しスポット」に連れて行かれることで、新しい楽しみを見つけられます。勉強が好きで、学ぶことが楽しみな六白金星にもうれしいアミューズメント系のミュージアムなどはおすすめです。このカップルでは、子年の七赤金星と戌年の六白金星の組み合わせが要注意。したたかな“恋のハンター”である子年の七赤金星に対し、六白金星のなかでも最もキレ者の戌年は「何かあるな」と疑いの目で見るため、お互いがヘトヘトになります。

七赤金星×七赤金星の相性は？

63%

ラブラブ度

ハッピーとワクワク、キラキラが大好きな似た者同士で、相性のいいふたりです。デートにしても、行きたい場所や、やりたいことがお互いにわかり合えるため、基本的に一緒にいるとハッピーを感じられるでしょう。七赤金星は自然に相手の気持ちを読もうとする傾向があり、読みすぎで疲れることもありますが、同じ気質と感覚なら、その心配もありません。ただ、感性の鋭い七赤金星同士の場合、それぞれが自分の趣味にのめり込みすぎると、さすがにスレ違いが生まれてしまいます。「わかり合える」と、安心しすぎるのは禁物です。

七赤金星から
七赤金星には

この言葉

「似てるね」

気づかい上手で他人に合わせることの多い七赤金星は、心の底で自分にとっての理解者を探しています。それだけに、自分と共通する感覚や気質をもった相手に出会えると、何よりもうれしいのです。みんなに尽くして疲れている時など、この言葉は効果抜群でしょう。

七赤金星から
七赤金星には

これはNG

「味覚が合わない」
「食べ物の趣味が違う」

お互いが似ているという点がうれしいはずの関係だけに、思わぬ違いが恋心を冷ますことがあります。特に七赤金星は味覚に優れ、ひそかな自信をもっていることが多いため、好きな食べ物がまったく違うような場合、ささいな言い合いから大ゲンカに発展する恐れも。

デート&付き合いのトリセツ

センスに優れ、グルメな七赤金星同士は、美味しい店を探し歩くデートがおすすめ。一度行って気に入った店には何度も通い、やがて別な店を見つけても、また元の店に戻るというのが七赤金星のデートのパターンです。また、「パリピ」なふたりだけに、ダンス系のイベントに参加してはじけるのもいいでしょう。不幸にして別れる時もドロドロにならず、話し合ってなごやかに友だちになれるふたりですが、どちらかが子年や卯年の場合には「あげたプレゼントを返して」「過ごした時間を返して」と、打算的な言い合いになることもあります。

七赤金星×八白土星の相性は？

76%

ラブラブ度

頑固でいながら、気まぐれなところも見せる、ちょっぴり難しい八白土星に対しても、七赤金星ならではの気づかいやコミュニケーションの高さは威力を発揮し、相性は良好です。ただ、どちらかと言うと、七赤金星が頑張って盛り上げる関係になりがちなため、八白土星から見た場合に比べると、ややマイナスの面もあるかもしれません。特に、八白土星が自分や身内を大切にするあまり、七赤金星の広い交友関係に不満をもったり、「自分のことをもっとかまって！」とわがままを言ったりすると、せっかくの仲にヒビが入る恐れがあります。

七赤金星から八白土星には

この言葉

「わかりやすいよね」

どこかつかみどころがなく、周囲から「怒ってるんじゃない？」などと言われがちな八白土星にとっては、この言葉が何よりうれしく感じられます。特に、明るくハッピーな七赤金星から言われると、表情に乏しいとされる八白土星も思わず微妙な笑顔を見せるでしょう。

七赤金星から八白土星には

これはNG

「何考えてるの？」「気まぐれだね」

ほめ言葉とはまったく逆で、八白土星にはイラッときてしまうのが、こう言われることです。いつもは自分をわかってくれていると思っていた七赤金星から、こんなふうに言われた八白土星はおおいに傷つき、ふたりの仲も険悪になってしまう可能性大です。

デート&付き合いのトリセツ

デートは七赤金星が八白土星をリードすると、うまくいきます。趣味や好みに地味なところのある八白土星も、そのあたりの気持ちを思いやってくれる七赤金星のデートプランに、少しずつ心を開いてくれるでしょう。ただ、どうしても「パリピ」な気質のある七赤金星は、あまり八白土星に合わせてばかりだとストレスが発散できず、イライラがつのることも。たまには、友だちと夜遊びをするのもいい気分転換になるでしょう。出かける場合は変に隠さず、明るく「友だちと遊んでくる！」と言うほうが、八白土星も安心できます。

七赤金星×九紫火星の相性は？

52%

ラブラブ度

数字的に全然ダメではないのですが、九星で一番の〝恋愛上手〟である七赤金星にとっては、やや不本意な相性かもしれません。理由は、互いにセンスと美意識に自信のあるふたりが、その点でぶつかってしまう恐れがある点。七赤金星としては、アーティスト気質の九紫火星をリスペクトするのですが、自分のセンスを一番と思いがちな九紫火星は、七赤金星を認めつつも素直にそれが出せないのです。また、いつも、いつまでも特別扱いをしてもらい、甘えようとする九紫火星に、さすがの七赤金星も疲れてしまうパターンも見られます。

七赤金星から
九紫火星には

この言葉

細かいセンスをほめる

九星で一番のセンス自慢である九紫火星も、華やかな七赤金星には内心で一目置いています。そんな相手から、たとえば「その指輪いいね」「かわいいボタン」「髪色すごくいい」などと、細かな点を気にとめたほめ言葉をもらうと、テンションは一気にマックスです。

七赤金星から
九紫火星には

これはNG

「ちょっと太った？」

七赤金星は、細かい点にとてもよく気が付きます。ただし、九紫火星にとって、この指摘は絶対に許せません。どのように言えば、相手が喜び、また怒るかを誰よりも知っている七赤金星であれば、まず口に出すことはないでしょうが、くれぐれも油断はしないように。

デート&付き合いのトリセツ

自分だけに注目してほしい気持ちの強い九紫火星は、七赤金星の好きなイベントやパーティーに行くと内心で他の参加者のセンスと張り合い、気持ちが落ち着きません。ここは、ふたりきりで楽しめるカラオケルームなどがおすすめ。マイクを握りっぱなしの九紫火星を七赤金星が盛り上げれば、九紫火星も大満足です。意外な“地雷”はふたりにとっての記念日で、お互いにいろいろ決めるのが好きなのはいいのですが、特に九紫火星は独特の感覚で記念日を決める傾向があり、七赤金星がそれを忘れると機嫌をそこねることがあります。

八白土星《はっぱくどせい》の人

気分屋な一面もご愛嬌、家族愛にあふれる一家の大黒柱

あなたはきっとこんな人

八白土星はひと言で言うと「山」のような人。九星のなかでももっとも頑固な性格をしています。その一方、山の上にひろがる空のように気分が変わるため、一筋縄ではいきません。感情が顔に出ないので、いつも怒っているのかと勘違いされたりしますが、自分自身は表情豊かと思っており、その点を指摘されるとイラッとしてしまうことも。そんなふうにコミュニケーションは苦手でも、努力を怠らないあなたは、周囲から大きな信頼を寄せられる頼りがいある人でしょう。気をつけるべきは、身内に甘すぎてしまう傾向を自覚すること。

そんなあなたの恋愛は？

八白土星は結婚願望が強く、恋愛への興味も人一倍ですが、奥手な性格のため、軽く遊ぶだけの関係はもちません。何事にも慎重なことから、付き合うまでにも長い時間をかけるので、恋愛経験は少ないタイプと言えるでしょう。そんな八白土星は家族思いで、一途な気質。浮気の心配はまずありません。半面、嘘

八白土星と相性のいいベスト3

1位	九紫火星	性格は正反対でも、お互いの好みはぴったりな仲良し凸凹カップル！
2位	七赤金星	お互いの違いを尊重し、足りない部分を補いあえる、大人なカップル！
3位	六白金星	真面目なふたりなら、堅実で安定した関係が続けられる！

や隠し事が上手な八白土星は、好きな人への気持ちを隠すのも得意で、周りから「いつの間に付き合ってたの？」と驚かれることも。ただし、感情表現が乏しすぎて、好きな人へのアピールがうまくいかないのが悩みだったりします。

出会いのパターンは？

身内からの紹介で出会った人と、お付き合いするパターンが多いようです。本人は気が進まないかもしれませんが、近くにいる人の話を素直に聞いたほうがいい出会いに恵まれます。

ラブラブ期はこんな感じ

基本的に安定した関係性が続くタイプです。派手なことが苦手な八白土星は、恋愛においても盛り上がりにかけるところが玉にキズ。マンネリ状態でも本人は満足していますが、パートナーが不満をもっていることも少なくありません。自分の居心地が良いと感じる時こそ相手の気持ちを思いやって、関係にひびが入らないよう努力を怠らないようにしましょう。

破局はこうして訪れる

感情表現が苦手な八白土星は、愛情を表すのもあまり得意ではありません。八白土星の側がふたりで過ごす時間に居心地の良さを感じていても、相手が同じ気持ちではなかったり、不安を抱えていたりすることも多いようです。また、気分のムラが激しい八白土星は気まぐれな態度で相手を振り回すことも多く、それが喧嘩や破局の原因になる恐れもあります。

十二支による違いをチェック

寅年生まれは、八白土星の特徴がより顕著に現れます。結婚願望が人一倍強く、異性への興味もかなり強い半面、それを隠すのも上手なので、秘めた恋心は周囲からは気付かれにくいでしょう。また、巳年生まれの場合は執着心が強く、一度付き合った人を絶対に逃しません。

ラッキーナンバー

3

陽気さや子どもらしさを表す数字。笑顔をつくるのが苦手な八白土星には、鏡に向かって日に３回、笑顔の練習をするのがおすすめ。３が描かれた物を持ち歩くのもいいでしょう。

ラッキーカラー

オレンジ

感情表現が苦手な八白土星に必要なのは、何よりも親しみやすさです。陽気さや明るさをイメージさせるオレンジ色のものを身につけたり、持ち歩くのをおすすめします。

ラッキーアクション

腰のケア

基本的にどっしりした気質の八白土星は、変化が苦手なタイプ。体の中心の腰が弱いのが特徴。ここぞ！という時に動けない原因でもあるので、“体幹”を鍛えておきましょう。

ラッキーアイテム

ベルト・腰まき

腰のケアにおすすめのアイテム。八白土星は“体幹”の弱さから気分のムラが激しい一面を持っています。体の中心を整えて、テンションの上がり下がりを少しでも抑えましょう。

掃除するといい場所

トイレ

トイレは水が溜まっている場所。運の滞りをなくすため、掃除はこまめにやっておきましょう。八白土星にかかわらず、綺麗にしておけばそれだけで良い運が舞い込んできます。

八白土星×一白水星の相性は？

25%

ラブラブ度

相性は残念ながら良くありません。お互いに気まぐれで気分の上がり下がりが激しいうえ、その高低差にズレが生じることが多いようです。どちらも表情が豊かではなく会話も少ないので、周囲からはしょっちゅう喧嘩をしていると思われることも。異性への興味が強い八白土星は一白水星の色気に惹かれることもありますが、あまりうまくいくカップルではないでしょう。関係を良好に保つには、八白土星が一白水星を身内と認めること。八白土星がパートナーを溺愛することで多少のすれ違いも受け入れられれば、喧嘩も少なくなります。

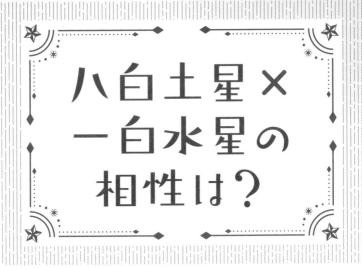

八白土星から
一白水星には

この言葉

「よく考えてくれてるね」

一白水星は、気まぐれにひとりになりたがる傾向があります。その様子を見て「自分の考えにひたっていたいんだな」と思えたら、素直にそう表現してあげるのが良いでしょう。実際はボーッとしているだけですが、「よく考えているね」と言われるときっと喜んでくれます。

八白土星から
一白水星には

これはNG

「節操ないね」
「ころころ変わるね」

付き合う相手によって、好きな音楽もファッションもくるくると変わる一白水星。はたから見ると自分がないように見えますが、本人は芯の部分は譲っていないと自負しているので、たんに「節操がない」と言われるととても心外に感じるようです。

デート&付き合いのトリセツ

ふたりがデートをするなら、一白水星に合わせることを基準にプランを考えたほうがいいでしょう。八白土星は基本的にマンネリ状態でも不満はありませんが、一白水星は変化がないとストレスを溜めてしまいます。しかもそれを表情に出してくれないので、急に不満が爆発して別れ話に発展することも少なくありません。デートに強いこだわりがないなら、たまにはおしゃれなショップなどトレンドを押さえたデートプランにするのもおすすめ。一白水星はお酒が好きな人も多いので、ちょっと高級なバーに立ち寄るのもいいでしょう。

八白土星×二黒土星の相性は？

52%

ラブラブ度

それぞれのカップルで仲の良さに差があり、相性の判断が難しい関係。価値観さえ一致していれば長続きする傾向にあります。なかでも子育てや結婚観は超重要。ふたりとも恋愛の延長線上に結婚があると考えるタイプなので、ここの価値観がずれると破局につながることも。お付き合いを始めた段階で、将来どんな家庭を築いていきたいか、相手と話し合っておきましょう。その場合、意見が合わないからとすぐに諦めるのは良くありません。八白土星は頑固になりすぎないよう、話し合いの妥協点を見つける努力をしましょう。

八白土星から
二黒土星には

この言葉

「料理上手だね」
「てきぱきしてるね」

結婚願望の強いふたりにとって、家事をこなす能力があるかどうかは大切な部分です。特に二黒土星は料理上手で要領がいい人が多いので、表現の苦手な八白土星からもほめやすいはず。「いつも助かってるよ」とお礼も言えば、相手はきっと喜んでくれるでしょう。

八白土星から
二黒土星には

これはNG

「昔はキレイだった
（カッコ良かった）のに」

家庭に入ると周囲の目を気にしなくなる二黒土星は、結婚してすぐに恋人からパパやママになる傾向があります。もともとおしゃれに関心が低いのは八白土星も同じなので、外見について文句を言われると「お互い様でしょ」と怒られてしまいます。

デート&付き合いのトリセツ

ふたりとも派手なことはあまり好きではなく、どちらかといえば安定したお付き合いが好きな性格。似たもの同士なのでデートプランで意見がぶつかることは少ないでしょう。二黒土星はおうちデートが好きな傾向があるので、家でまったり過ごせる映画鑑賞などがおすすめ。時には一緒にDIYで家のプチリフォームをしてもいいかもしれません。その場合も、最初に「こんなコーディネートにしたい」と目標を定めておくのが◎。一時の感情で意見を言ってしまいがちなふたりでも、同じゴールを目指してうまく協力し合えるはずです。

八白土星×三碧木星の相性は？

29%
ラブラブ度

どちらかというと八白土星が三碧木星を振り回し、相手を疲れさせてしまうことが多い関係。気まぐれな態度や返答をしないように気をつかうべきですが、八白土星も無意識でやっているので難しいところです。自分に気持ちのムラがあるのを自覚して、三碧木星に我慢してもらうのが最大限の努力かもしれません。一方、八白土星からすると、フットワークが軽く陽気な性格をしている三碧木星に憧れることとも。ふだんから苦労をさせている分、三碧木星へのねぎらいと尊敬の気持ちを言葉で表現してあげると、関係は長く続くでしょう。

八白土星から
三碧木星には

この言葉

「行動力があるね」

九星のなかでもっとも行動力に優れているのが三碧木星です。対して八白土星は腰が重く、環境の変化が苦手なタイプなので、行動的な相手に素直に尊敬の念をもってみてください。八白土星は気持ちを態度に表すのが苦手なので、言葉にして伝える努力をしましょう。

八白土星から
三碧木星には

これはNG

「ちゃんと考えて行動してる？」

とにかく動いてみることを優先する三碧木星は、行動を制限されるのをもっとも嫌います。何かを始めようとした時に、引き留めてお説教をするのはやめたほうがいいでしょう。「先を考えていない」と指摘するのも、イラッとする原因になるので避けたほうが無難です。

デート&付き合いのトリセツ

デートは三碧木星に合わせてもらうと良さそうです。八白土星は自分でも気付かないところで頑固になりやすく、意見を曲げるのが苦手。デートで自分の意見が通らないと、不機嫌になってしまうことも。三碧木星は出かける場所を決められるよりも振り回されるほうが苦痛なので、こちらで定番のデートプランを用意しておくといいかもしれません。それでも三碧木星は「いつ気まぐれが出るかな」と身構えてしまい、八白土星とのデートに全力を注げない面があります。気持ちがのらなくても、あまり文句は言わないようにしましょう。

八白土星×四緑木星の相性は？

35%

ラブラブ度

八白土星からすると、四緑木星のパートナーは臨機応変に対応してくれる数少ない相手。一方で四緑木星からすると、八白土星の気まぐれの度が過ぎていて気疲れしてしまうことも多いようです。もともと優柔不断な四緑木星はリードしてくれる人との相性が良く、自分を振り回すタイプとはうまくいきません。でも、気分のムラが激しいのは八白土星の特性なのでそこを変えるのは大変。八白土星はもともと根が真面目で芯が通っているタイプでもあるので、どっしりと構えて四緑木星を安心させるように行動するのがいいでしょう。

八白土星から
四緑木星には

この
言葉

「優しいね」

気まぐれな面もある一方、八白土星は自分の意見を頑固につらぬくタイプ。それに対し、四緑木星は相手の意見も柔軟に聞き入れてくれるので、八白土星の側は「優しい人」だと感じられるでしょう。お互いの性格の違いを認め合って、尊重できれば関係も良好に保てます。

八白土星から
四緑木星には

これは
NG

「優柔不断だよね」

四緑木星自身、優柔不断なことは十分に自覚しているので、その部分を指摘されるとよけいにいらだってしまうことも。八白土星のほうもしばしば気まぐれに意見を変えるので、これを言うと「自分を棚にあげないで」と反論されて口論に発展してしまうでしょう。

デート&付き合いのトリセツ

四緑木星は相手に合わせて柔軟に動けるので、少し甘えてデートプランもまかせてしまうと良いかもしれません。四緑木星はまめな性格なので記念日などもきちんと覚えていてくれるタイプ。いろいろと気を回してくれるので、八白土星は言葉できちんとお礼を伝えてあげましょう。口数の少ない八白土星は愛情表現も苦手な傾向がありますが、素直な四緑木星からすると「好きだ」と言ってくれない相手に不安を覚えてしまうこともあります。日頃から、自分の気持ちを言葉にする努力を怠らないことが四緑木星とうまくいく秘訣です。

八白土星×五黄土星の相性は？

65%

ラブラブ度

相性の良し悪しで言えば悪くない関係でも、性格や価値観においてはぶつかることが多いふたり。恋愛においてはその傾向がより顕著に現れます。八白土星は恋愛＝結婚と考えがちですが、五黄土星は恋愛＝遊びと考える面もあり、お互いの結婚観ですれ違いが起きてしまいます。特に自由に遊びたい五黄土星にとって、執着心や独占欲の強い八白土星の束縛に嫌気が差すことも少なくないでしょう。どちらも頑固な面をもっているので喧嘩は絶えませんが、一方だけが我慢をするようなことはないので、かえって長続きするようです。

八白土星から
五黄土星には

この言葉

「頼りになるね」

人に頼られたい、リードしたい願望が強い五黄土星にはこの言葉がうってつけです。他の星の人の場合、わざとらしく聞こえるようなほめ言葉でも、表情のつかみにくい八白土星が言うと「下心があるんじゃないか」などと変に疑われることも少ないでしょう。

八白土星から
五黄土星には

これは
NG

「すぐ怒る」「汚い言葉づかいしないで」

真面目で古風な面もある八白土星からすると、時に感情的で自分勝手な五黄土星の言動に不満を感じるのは当然かもしれません。品のなさを指摘したくなることもあるかもしれませんが、本人に「心外だ」と感じさせて、よけいに怒りを助長させかねません。

デート&付き合いのトリセツ

気まぐれな八白土星は自分でも何が面白いのか判断が難しいことがあり、同じデートスポットでも一度目と二度目で感想が変わることもしばしばです。気分によって行きたい場所が変わることもありますが、相手をリードするのが好きな五黄土星なら八白土星の好みに合わせてデートプランを考えてくれるはず。そんな時のため、八白土星の側は自分が今夢中になっていることやものを常に伝えておくと、五黄土星も困りません。ふたりとも甘いものが好きという共通点があるので、迷った時はスイーツビュッフェがおすすめです。

八白土星×六白金星の相性は？

75%

ラブラブ度

八白土星は、正義感の熱い六白金星と相性が◎。六白金星としても、八白土星の古風で真面目な性格に信頼を寄せてくれるでしょう。そんなふうに性格の合うふたりですが、課題となるのは価値観の一致という点。ふたりとも頑固で融通がきかない面があり、一度意見が割れると話し合いが平行線になりがちです。八白土星の人は頑固な半面、気持ちのムラがあるために、昨日と今日で意見が変わったりすると、決め事に厳しい六白金星をイラッとさせかねません。六白金星の言い分を聞きつつ、自分自身の意見をきちんと伝える努力が重要です。

八白土星から
六白金星には

この言葉

「律儀だね」

八白土星から見れば、正義感が強く、真面目な六白金星は信頼がおける存在です。六白金星も身内や部下から頼られることがうれしいタイプですので、こちらが頼りにしていることを言葉にしてあげるととても喜んでくれるでしょう。

八白土星から
六白金星には

これはNG

「意見を押し付けないで」

気分のムラのために意見がブレることも多い八白土星は、論理的な六白金星の言い分に負けてしまうことが多く、相手の意見に合わせてばかりになりがちです。不満がたまって感情的な言い合いになる前に、こちらからきちんと話し合える空気をつくりましょう。

デート&付き合いのトリセツ

ふたりとも堅実ながら高級志向もあり、特別な日はちょっとハイクラスなレストランでのディナーデートがおすすめ。特に六白金星はフォーマルな場所を好むので、話題の新店よりも、昔ながらの美味しいお店を選ぶと喜ばれます。ふたりとも大きな変化を好まないタイプなので、素敵なお店を見つけたら、その後の記念日は同じ店に通うといいでしょう。迷ったり悩んだりするのが好きではないふたりは、行き慣れたお店をひとつ作っておくほうが良く、プラン通りに行動できることで満足度の高いデートになるはずです。

八白土星×七赤金星の相性は？

81%

ラブラブ度

自然界に当てはめると八白土星は山の気質、七赤金星はその間をぬって流れる沢の気質のため、七赤金星が八白土星にうまく合わせてくれるととても良い相性です。ただ、付き合いの関係を狭くしがちな八白土星が、誰とも仲良くしたい七赤金星を困らせるのは問題です。身内を大事にしたい八白土星には、七赤金星にあまり交友関係を広げてほしくない気持ちもあるでしょうが、「私とのことに時間をかけて」とわがままを言うのはぐっとこらえるべき。七赤金星の長所を理解し、やりたいことを尊重してあげると、いっそううまくいきます。

八白土星から
七赤金星には

この言葉

黙って見守る

楽しいことなら何でも躊躇なく行動できてしまう七赤金星は、八白土星からすると危なっかしく見えることも。そんな時も小言を言わず、黙って見守ってあげると七赤金星はのびのびできます。説教じみた言葉をかけると、「うっとうしい」と思われるので要注意です。

八白土星から
七赤金星には

これはNG

「もっとこっちをかまってよ」

交友関係が広く、いろんな人のお世話をするのが大好きな七赤金星。身内想いの八白土星からすると、自分とその周囲をかまってほしいとわがままを言いがちです。でも、七赤金星には友人がとても大切なので、こちらの都合ばかりを押し付けないよう気をつけましょう。

デート&付き合いのトリセツ

デートは七赤金星に合わせましょう。七赤金星がおすすめする場所は八白土星からすれば、行ったことのないところばかりかもしれません。派手なことが苦手な八白土星にとって最初は抵抗もあるでしょうが、人をよく見て、相手に似合うものを選べる七赤金星なら、きっとあなたにもぴったりな場所を探してくれるはずです。そんなふうに相性の良いふたりですが、八白土星から見て、七赤金星の子年生まれとの関係は要注意です。子年生まれには思わせぶりな行動が多く、真面目な八白土星が翻弄されてしまう恐れがあります。

八白土星×八白土星の相性は？

47%

ラブラブ度

八白土星同士は、相性の良し悪しがはっきり分かれることが多い組み合わせです。喧嘩をしていたと思ったら急に仲良くなっていたり、一方で仲が良いかと思えば互いの文句ばかり言っていたりすることもあって、相性がつかみにくいカップルと言えます。八白土星特有の気まぐれで、急に意見が変わることもあり、それが原因で喧嘩に発展することも多いようです。口下手で会話が少なくても、ふたりきりでいて気まずい思いをしないので、居心地はいいと感じているでしょう。ただし、互いに仲が良いと思っているかは難しいところです。

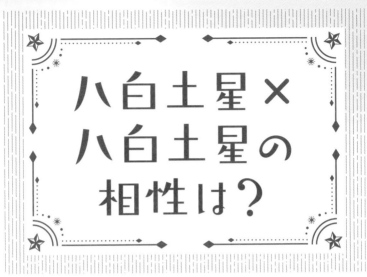

八白土星から
八白土星には

この言葉

「子どもっぽいとこ、あるよね」

八白土星は大人っぽく見られがちですが、本人はずっと子どものようでありたいと思っている傾向があります。この言葉は、ほめているように聞こえませんが、同じ八白土星なら言われたい気持ちがわかるはず。似たもの同士だからこそ言える絶妙なほめ言葉です。

八白土星から
八白土星には

これは NG

「いつも無愛想だよね」

似たもの同士だからこそ、同じ部分にコンプレックスをもっているふたり。それだけに、表情の乏しさについて指摘されると「それは言われたくないって、わかるじゃん！」とカチンときてしまいます。くれぐれも、これだけは言わないようにしましょう。

デート&付き合いのトリセツ

八白土星同士なら、定番のデートコースを用意して、記念日には自分たちの慣れ親しんだ場所にお出かけするのがおすすめ。マンネリな状態でも不満のないふたりなので、無理に流行の場所やおしゃれな街に行く必要はありません。気まぐれに行きたい場所が変わるので、たとえば甘いものを食べたい時、おしゃれをしたい時……など、最初からデートコースは数パターンに分けて用意しておくほうがいいでしょう。会話がなくても互いに居心地の良いカップルなので、たまにはドライブで遠出をしてリフレッシュするのも楽しいですよ。

八白土星×九紫火星の相性は？

88%

ラブラブ度

相性は抜群です。八白土星は身内に優しく、とにかくかまってほしい九紫火星には最高のパートナー。自分を一番に考えてくれる八白土星に、自然と信頼を寄せてくれます。九紫火星は八白土星の気分のムラを気にしないで、好き勝手におしゃべりしてくれるため、八白土星の側も気をつかわずに居心地いい関係を築けるでしょう。がまん強く口数の少ない八白土星は、気の多い九紫火星の浮気がわかっても当分は黙ったまま。九紫火星はうまくやっていると勘違いしがちですが、結局は八白土星のもとへ戻ってくることも多いようです。

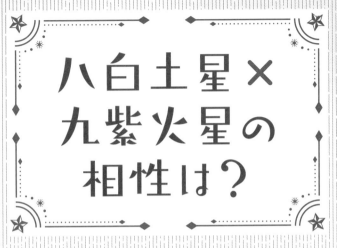

八白土星から九紫火星には

この言葉

「センスあるね」

芸術家タイプの九紫火星は自分の美的センスが高いと自負しているので、そこをほめられるのを何よりもうれしく感じます。派手なものが好きではない八白土星ですが、自分にはないセンスとしてほめてあげれば、きっと喜んでくれるはずです。

八白土星から九紫火星には

これはNG

「太った？」

いつも周囲の目を気にして、外見を何よりも重視している九紫火星に対して「太った？」は絶対に言ってはいけない禁句です。九紫火星には子どもっぽい性格もあるため、これを言うと、怒ったり泣いたりと大変な騒ぎになる恐れがあります。

デート&付き合いのトリセツ

デートでは八白土星が大人になって、九紫火星の希望を優先してあげるほうが無難です。あまり派手なものを好まない八白土星だけに、九紫火星のセンスを頼りにすれば新しい感覚を取り入れるきっかけになるはず。また、浮気性でふらふらしがちな九紫火星を引き止めるためにも、デートの機会はこまめにつくるほうがいいでしょう。九紫火星は自由奔放で自分勝手ですが、愛情には素直に応えてくれる性格の持ち主。関係が悪化した時は、ふたりの思い出の場所を訪れ、九紫火星に八白土星への愛情を思い出さしてもらうのがおすすめです。

九紫火星《きゅうしかせい》の人

燃え盛る炎のように、情熱的でドラマチックな恋愛家

あなたはきっとこんな人

ナルシストで、人に評価されることが何より大好きな九紫火星。自分をアピールする力に長けていて、表現力が豊かなうえ、エリート気質で頭脳明晰、先見の明があり、本気になれば仕事でも多大な評価を得られるタイプです。その半面、敵をつくりやすく、繊細で傷つきやすい側面があることから、感情の起伏が激しいのがたまにキズ。高い美意識をもち、流行には敏感で、他人と比べてよりおしゃれで個性的なファッションを求めます。自分の美的センスを疑わず、文句を言われると反発してしまう、ちょっぴり子どもっぽい一面もあります。

そんなあなたの恋愛は？

恋愛においては、その美意識の高さから美しさにこだわる人が多く、見た目が綺麗な人や、ファッションセンスが高い人を好む傾向をもっています。もともと恋愛気質の強い九紫火星は、恋愛の駆け引きを心から楽しめるタイプで、そのせいか多くの相手に目移りしやすく、浮気性な一面も。自分に対しては見た

九紫火星と相性のいいベスト3

1位	四緑木星	お互いのファッションセンスが光る、おしゃれでお似合いなふたり!
2位	八白土星	意外なカップル!? 一途な八白土星が浮気性な九紫火星を離さない!
3位	三碧木星	アクティブなふたりだけに、いつも新鮮な気持ちで楽しく過ごせる!

目の変化にはすぐに気付いてほしい、かまってちゃんでもあります。直情的な面があり、思ってもないことを言って相手を傷つけてしまう点には、特に要注意。長く楽しい恋愛を続けるためには、優しい言動を心がけるのが良いでしょう。

出会いのパターンは?

九紫火星は人と同じ行動をしたくないタイプですが、流行を追いたがるので、人が集まる場所に行くのが好き。似たセンスをもつ人に出会うと、速攻でアタックをかけにいきます。

ラブラブ期はこんな感じ

恋愛気質の九紫火星は、恋の駆け引きを全力で楽しむタイプです。特に片思いをしている時期が一番盛り上がります。相手を振り向かせるために全力でアプローチをかけ、恋が成就するかどうか、その瀬戸際での恋の駆け引きに刺激を受ける人が多いようです。一方、恋に溺れることは少ないうえ、すぐに目移りしやすいので相手に恨まれる面も見受けられます。

破局はこうして訪れる

九紫火星は美意識が高く、相手にも相応の美しさを求めます。それゆえに、パートナーの美意識が低くなったとたん、興味を失ってしまいます。別れを切り出すのは、たいてい九紫火星のほうからで、言いたいことを気が済むまで言い、相手の気持ちはあまり考えません。未練を引きずらないタイプなので、よけいに相手だけがモヤモヤする別れ方が多いようです。

十二支による違いをチェック

九紫火星のなかでも、丑年は特に恋愛体質をもち、恋の駆け引きにおいては天才的。人たらしで、すぐに相手の懐に入り込んでは恋に溺れさせ、貢がせる傾向があります。一方、辰年生まれは恋愛よりも結婚を重視するタイプ。スピード結婚になることが多いようです。

ラッキーナンバー

17

高い目標をもち、行動を継続することで、タレント性を輝かせてくれる数字。熱しやすく冷めやすい九紫火星に、継続の大切さを説くラッキーナンバーです。

ラッキーカラー

ラメの入った暖色系カラー

目立ちたがり屋でエリート気質の九紫火星にぴったりなのは、暖色系のピンクやパープルにラメの入ったゴールド系統のパーティーカラーです。

ラッキーアクション

髪型を変える

九紫火星の運気は、髪型を変えると上がります。ただし、髪を痛めてしまうと逆効果なので、過度の脱色や染髪は避けましょう。センスの良いカットやヘアアレンジがおすすめです。

ラッキーアイテム

香水

男女ともに香水がラッキーアイテム。最上級のおしゃれとして九紫火星のセンスを存分に発揮できるアイテムでしょう。ただ、いい香りも使いすぎには注意してください。

掃除するといい場所

鏡

手鏡など、自分が映るものを清潔に保っておくと運気が上がります。ほかには電球、スポットライトなど、自分を輝かせてくれるものを掃除するとなおグッドです。

九紫火星×一白水星の相性は？

21%

ラブラブ度

五行の関係図からすると「火」と「水」の関係性になるので、残念な相性のふたりです。九紫火星がかまってほしいのに対し、一白水星は他人に興味がありません。このふたりが付き合うと、九紫火星が一白水星に振り向いてほしくて、いつまでも「かまって！」アピールを続けることになります。一白水星としても面倒に感じますし、九紫火星もそのうちエネルギーが切れてやつれてしまうでしょう。ただし、一白水星の酉年は陽気な性格で合わせ上手。九紫火星のかまってちゃんにも付き合うことができるので、悪くない組み合わせでしょう。

九紫火星から一白水星には

この言葉

「自分の魅力に気付いてる？」

相手を惹きつける色気は九星でもナンバーワンの一白水星。でも、自分では意外にそのことに気付いておらず、美意識の高い九紫火星にほめられると、悪い気はしません。気まぐれな面もある一白水星には、「かまって！」アピールよりも、さりげないほめ言葉がききます。

九紫火星から一白水星には

これはNG

「もっときちんとこっちを見てよ」

束縛を嫌う一白水星は、九紫火星が燃え上がれば燃え上がるほど、冷めていってしまいます。一白水星はもともと恋愛に積極的なタイプではないため、九紫火星が求める駆け引きの部分をあまり強く押し付けると、それだけで面倒な気持ちになることが多いようです。

デート&付き合いのトリセツ

積極的な九紫火星のアピールに、一白水星が投げやりになりかねない組み合わせ。そのままでは一白水星がうんざりするだけになってしまいます。デートはむしろ一白水星にプランを考えてもらい、それについて行くのがいいでしょう。ただし、食事の場所だけは、火を見ながら食事ができるお店がおすすめ。たとえば火鍋やサムギョプサル、焼肉など、火の属性をもつ九紫火星はポジティブなエネルギーを補充することで、一白水星の一見つれない態度にも余裕をもって対応できるため、プラスの評価をしてもらえるでしょう。

九紫火星×二黒土星の相性は?

71%

ラブラブ度

面倒を見たい二黒土星と、世話を焼いてほしい九紫火星。お互いのしたいことと、してほしいことが一致して、良好な関係を保てます。いつでも自分だけを見て、かまってほしい九紫火星にとっては、相手をよく観察する二黒土星の気づかいが心地いいと感じられるでしょう。一方、意外に別れるケースが多いのもこの組み合わせで、自分のすすめた服や小物を相手にも身につけてほしいと思う九紫火星に対し、二黒土星は見た目の変化を好みません。九紫火星のほうがそんな相手に飽きてしまい、破局につながることも少なくないようです。

九紫火星から二黒土星には

この言葉

「要領がいいね」

人のサポートが得意な二黒土星は、段取りをつけるのも上手です。家庭的な一面をほめてあげても喜ばれますが、何事につけても要領良くこなす九紫火星が二黒土星に伝えるのなら、こちらのほうが刺さるほめ言葉になるでしょう。

九紫火星から二黒土星には

これはNG

「前は綺麗だったのに」

二黒土星は付き合うと、安心しきって体型維持に気をつかわなくなる傾向があります。九紫火星としては、外見の変化につい文句を言いたくなるかもしれませんが、直接的な言葉は相手を傷つけがち。一度冷静になってから、意見を伝えることを心がけましょう。

デート&付き合いのトリセツ

ふたりはまさに表と裏の関係。基本的には九紫火星が二黒土星のプランに合わせるのがいいでしょう。まめな性格の二黒土星なら、記念日好きの九紫火星がやたらにつくった記念スポットも覚えていてくれます。おすすめは、トレンドを追いかけたい九紫火星が喜ぶ、人の集まる繁華街。時には、初デートなどの思い出スポットに立ち寄ると、お互いをより大切に思う気持ちが芽生えるはずです。一方で、3回に1回ぐらいを目安に、九紫火星が二黒土星の好きなおうちデートでゆったり過ごす日もつくってあげると、バランスが取れます。

九紫火星×三碧木星の相性は？

81%

ラブラブ度

ふたりは相性抜群のカップルです。行動力に優れた三碧木星は、流行に敏感で変化の激しい九紫火星の動きにもついてきてくれます。また、三碧木星はカッコ良いものにも目がありませんので、九紫火星のユニークなセンスを誰よりも評価してくれるでしょう。九紫火星のすすめるアイテムをファッションに取り入れるのも早いので、自然と似た者同士のおしゃれなカップルになっていくはず。陽気で前向きな性質の三碧木星は、他人と違うところの多い九紫火星の良き理解者として、お互いに安心して付き合えるカップルです。

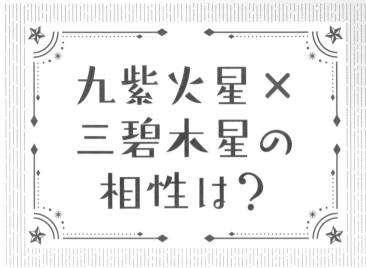

九紫火星から三碧木星には

この言葉

「センスあるね」

憧れの九紫火星からセンスをほめられることほど、うれしいことはありません。自分が一番な九紫火星は「私のほうが上だけど」とよけいな言葉を付け加えてしまうかもしれませんが、三碧木星は細かいことにこだわらない性質なので、十分に喜んでくれるでしょう。

九紫火星から三碧木星には

これはNG

「遅れてるね」

フットワークの軽さを重視している三碧木星にとっては、プライドをおおいに傷つけられる言葉です。トレンドに敏感な九紫火星は、時として三碧木星の動きでさえ遅いと感じることがあるかもしれませんが、相手に多くを求めすぎるのはよくありません。

デート&付き合いのトリセツ

デートをするなら九紫火星が主導権を握るのが良いでしょう。三碧木星は人の言うことを素直に聞き入れられない性格ですが、信頼できるセンスをもった九紫火星相手なら提案を受け入れてくれます。ただし、デートではあまりベタベタしすぎないこと。お互いにやりたいことが別々にあるカップルなので、ひとりの時間をもつのも大切です。ただ、もともとひとりが好きな三碧木星が趣味に没頭しすぎると、九紫火星としてはかまってもらえず、ストレスを感じてしまいがち。そのあたりのバランスに気をつかうとうまくいきます。

九紫火星×四緑木星の相性は？

88%

ラブラブ度

五行の関係から見ても相性抜群のふたり。周囲がうらやむ、お似合いのカップルです。四緑木星は人に合わせたおしゃれを表現できるセンスをもっていますので、外見を気にする九紫火星にとっても魅力的に映るでしょう。性格面でも相性は最高。感情的でコミュニケーション下手な九紫火星は、誰とでも交流できる四緑木星の協調性に安心感を抱くことができるはずです。ただし干支で見ると、四緑木星の子年は地味で目立たないので、九紫火星から見て魅力を感じにくい相手。残念ながら、相性は大きく下がってしまう側面があります。

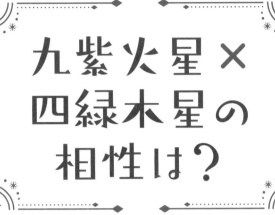

九紫火星から四緑木星には

この言葉

「個性的だね」

四緑木星は協調性を重視するために、どうしても自分のことを後回しにしてしまいがち。そのせいで自分を表現する機会がなく、個性が埋もれてしまうのを残念に思うことも。アーティスト気質な九紫火星から「個性的」だとほめられれば、何よりうれしく感じるでしょう。

九紫火星から四緑木星には

これはNG

「こっちだけ見てよ」

四緑木星の交流の幅広さは、ともすれば九紫火星にとって不安の種になりかねません。しかし、四緑木星からすれば大切な友人との付き合いに水を差されることほど嫌なことはないのです。時にはかまってほしい気持ちを我慢する、忍耐強さもうまくいくコツです。

デート&付き合いのトリセツ

九紫火星も四緑木星も流行を追いかけるのが好きなタイプ。そんなふたりにおすすめのデートスポットは、流行りのお店やインスタ映えのするカフェです。四緑木星のリサーチ力で行き先を決めるのも良いですが、九紫火星のセンスを信頼してもらうことでふたりの関係はより良好に。お互いに違う価値観でおしゃれを楽しんでいるふたりが関係を続けるためには、互いに認め合うことが大切です。九紫火星は他人のファッションを批判しがちなため、付き合う時は相手のセンスを尊重することをより意識したほうがうまくいきます。

九紫火星×五黄土星の相性は？

75%

ラブラブ度

どちらも自己中心的な側面があり、ぶつかりあうようにも思えますが、意外にも相性は悪くありません。五黄土星はアーティスト気質な九紫火星に憧れ、恋愛上手な九紫火星は五黄土星を翻弄しますが、五黄土星はアーティスト気質な九紫火星に憧れをもち続けます。いつもは自分のものになった相手に興味をもたない傾向のある五黄土星も、振り回されるおかげでかえって良好な関係の続くことが多いようです。九紫火星にとっては「パートナーを自分色に染めたい」という願望もかなえられ、需要と供給が成り立つ不思議な関係と言えます。

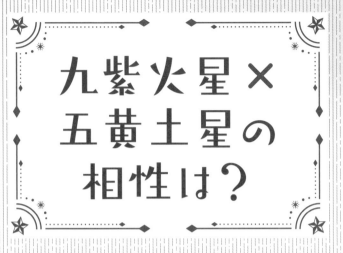

九紫火星から
五黄土星には

この
言葉

「男前だね」
「女らしいね」

五黄土星は男性らしさ、女性らしさを他の九星よりも重要視しています。カッコ良い、もしくは綺麗でありたいと思い、自分に自信もあるので、その点をほめてあげるのがうまくいくポイントです。一方、反対のことを言われると、五黄土星の怒りが爆発することも。

九紫火星から
五黄土星には

これは
NG

「頼りないね」

周囲の人間から「頼りがいのある人」として認めてほしい五黄土星は、内心では打算的ではあるものの、いつも人のためになるように努めています。その努力を否定されるような言葉を投げ掛けられると、たちまちいらだってしまいます。

デート&付き合いのトリセツ

五黄土星は相手のセンスを信頼しきっているので、デートプランは九紫火星が立ててあげるのがいいでしょう。九紫火星のセンスにかなう流行のお店や、おしゃれなスポットでデートをすれば、五黄土星も喜んでくれるはずです。特に話題のお店やロマンチックさを味わえるスポットは、意外にもミーハー気質な五黄土星にとってうれしく感じられます。ふたりの関係を良好に保つには、九紫火星の圧倒的な美意識とセンスがカギ。魅力がなくなると、五黄土星の浮気心が発動して他に目移りしますので、自分磨きに時間をかけましょう。

九紫火星×六白金星の相性は？

29%

ラブラブ度

残念ながら、相性は良くありません。九紫火星は感情だけで意見を言うのに対し、六白金星は理屈で戦います。正論を返されても素直に謝罪できない九紫火星に、六白金星は相手に間違いを理解させ、謝らせたいという感情が働きます。お互いが譲り合わない限り、口論の決着がつかないままいつまでも冷戦状態が続き、疲れ果てて別れてしまうケースも少なくありません。仮に仲直りができたとしても、時間が解決してくれるというパターンが多いため、わだかまりが残る場合も多く、関係を長続きさせるのはなかなか難しいようです。

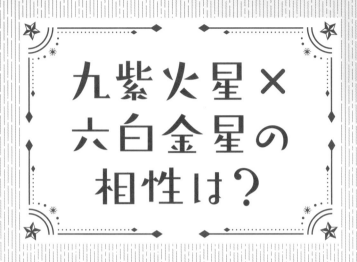

九紫火星から
六白金星には

この
言葉

「そちらが正しいよ」

六白金星は正しいことを正しいと認めさせたいと考えるタイプ。九紫火星が、その正論を認めてあげるととても喜びます。ただ、九紫火星の側も自分が間違っていたことを認めたくない感情が働くので、このセリフはすんなりとは出てこないかもしれません。

九紫火星から
六白金星には

これは
NG

「私のほうが正しい」

直情的な九紫火星が感情のままに意見を言い、それでも「私が正しい」と主張するのは、こじれたふたりの関係に火に油を注ぐようなもの。理屈っぽい六白金星のほうも、どうにかして正論を認めさせようとして口論が果てしなく泥沼化します。

デート&付き合いのトリセツ

フォーマルで落ち着いた場所を好む六白金星と、人の集まる場所が好きな九紫火星ではデートの好みも違いますが、どちらかと言えば九紫火星の好みに合わせてもらうのが無難です。デートでは九紫火星のセンスを武器に、六白金星のカチカチなスタイルを崩してあげるのがいいかもしれません。六白金星は決まった服を着ることが多いので、服屋、古着屋に連れて行ってあげて、九紫火星のセンスでおしゃれな服装を提案してあげるのもいいでしょう。六白金星は九紫火星のセンスは認めているので、素直に喜んでくれるはずです。

九紫火星×七赤金星の相性は?

58%

ラブラブ度

相性はまあまあです。九紫火星は相手のセンスを認めていて、他方で七赤金星は相手の子どもっぽい部分も含めて面白いと感じてくれます。ただ、付き合った当初はうまくいくふたりも、次第に九紫火星の要求がエスカレートして破局につながるケースがあるようです。七赤金星は付き合い始めこそ世話を焼いてくれますが、時間がたつにつれて気のおけない仲になり、自然に気づかいも減っていきます。一方、九紫火星にはいつまでも特別扱いされたいと思う傾向があり、その要求の重さに七赤金星がついていけなくなってしまうのです。

九紫火星から七赤金星には

この言葉

「おもてなし上手だね」
「素敵な気づかい」

九紫火星の側が、相手を思って行動する七赤金星の細やかな気づかいに気付き、評価してあげることができれば、素直に喜んでもらえるでしょう。九紫火星は他人をほめるのが苦手なタイプですが、七赤金星の優しさに甘えず、できるだけ言葉にする努力が大切です。

九紫火星から七赤金星には

これはNG

「私のことだけ考えて」

交友関係の広い七赤金星が他の人にも優しくするのは許せない、と考えがちな九紫火星。七赤金星からすれば「私には私の人間関係があるのに、そんなこと言われないといけないのはなぜ?」とうんざりする気持ちを抱かせてしまう発言です。

デート&付き合いのトリセツ

九紫火星と七赤金星のカップルなら、ふたりきりになれる場所がデートスポットとしておすすめです。特にいいのはカラオケボックスなどで、もっぱら自分が歌いたい九紫火星がマイクをずっともち続けますが、そんな状況でも場を盛り上げて楽しませてくれるのが七赤金星。九紫火星は、もてなしてもらえることに満足して過ごせるでしょう。一方、ふたりの間で険悪なムードになるきっかけは記念日を忘れている時です。お互いにいろいろな記念日をつくるのが好きなふたりなので、相手が言ったことは忘れずメモしておくことです。

九紫火星×八白土星の相性は？

85%

ラブラブ度

ふたりの相性は良好です。八白土星は結婚願望が強く、「この人」と決めた人以外に目移りしないタイプ。そんな八白土星だからこそ、九紫火星も安心できるようです。一方で九紫火星は浮気をするなど困った面もあるのですが、八白土星の側はそれをあまり気にしません。度が過ぎた場合、コツコツ貯めていた浮気の証拠をまとめて突きつけるなどしっかり仕返しをする場合もありますが、多くは黙って見逃すようです。自分大好きの九紫火星が、八白土星の寡黙さや、気分のムラを気にせずに接することができるのも、この関係の特徴です。

九紫火星から
八白土星には

この
言葉

「優しいよね」

八白土星は無愛想で厳しい印象を抱かれがちですが、九紫火星は気にしません。むしろ、自分の失敗も許してくれる相手の優しさに、ありがたさを感じるようです。他人から「優しい」と評価されることが少ない八白土星だけに、いっそううれしいひと言になるでしょう。

九紫火星から
八白土星には

これは
NG

「気まぐれだね」

八白土星からすれば、「そっちこそ」と言いたくなるセリフです。九星のなかでもっとも感情的で気まぐれな九紫火星に、これを言われてはたまらないでしょう。実際、気まぐれな面もある八白土星ですが、本人には自覚がなくピンとこないのも怒りの原因となります。

デート&付き合いのトリセツ

おすすめのデートスポットは、ふたりの思い出の場所。初めて行った店など、付き合ったばかりの頃の気持ちがよみがえる場所なら最適です。九紫火星は惚れっぽく、パートナーをないがしろにしがちな傾向があり、自分の浮気防止のためにもパートナーへの愛情を思い出せるデートを定期的におこなうと良いでしょう。デートプランは、八白土星に主導権を渡すのも忘れてはいけません。九紫火星は自我が強く、何でも自分勝手に進める傾向がありますが、時には八白土星に譲る気持ちをもたないと、ふたりの関係が悪くなってしまいます。

九紫火星×九紫火星の相性は？

48%

ラブラブ度

うまくいくか、喧嘩ばかりになるか、微妙な関係です。お互いのセンスや美意識を認め、ライバルのような関係になればうまくいくでしょう。「私ほどじゃないけど」と思いながらも相手のセンスをほめているなら、仲が良い証拠です。九紫火星は譲ることを極端に嫌がるので、お互いの好きなものが一致していないと喧嘩ばかりでうまくいきません。特に九紫火星同士の喧嘩は、お互いが相手に責任を転嫁するばかり。主張がまったく食い違うので、はたから見てどっちが悪かったのかがわからず、収拾がつけられない状態になってしまいます。

九紫火星から九紫火星には

この言葉

「それいいよね」

とにかく、相手を「すごい」「ステキ」とほめ合うことがおすすめです。もともとかまってちゃんな九紫火星同士なので、自分が認められてチヤホヤされるのが何よりもうれしいはず。互いをほめすぎて〝バカップル〟扱いされても、気にすることはありません。

九紫火星から九紫火星には

これはNG

「センスおかしくない」

九紫火星が絶対に言われたくない言葉です。外見を気にしている九紫火星にとって、特に「センスおかしい」は絶対の禁句。たとえ思っても、言わないようにしましょう。ほめる時に「私ほどではないけど」などと、よけいなひと言を口にしやすいのも要注意です。

デート&付き合いのトリセツ

サプライズや記念日が好きな者同士のふたり。デートした場所、時間はすぐにメモリー化します。「初めて喧嘩した記念日」など、一風変わった記念日をつくるのも九紫火星の特徴です。そんなふたりだけに、記念日やスポットは一度決めたら忘れないことが大切。お互いに忘れている場合は問題ないのですが、どちらかが覚えていると「大切な記念なのに」と喧嘩になってしまいます。九紫火星は自分に甘く、相手に厳しいので、前に自分が忘れていたことは棚にあげて怒ることも。記念日は、決めたらすぐスマホやメモに残しておくといいでしょう。

浮気
しやすい？

別れ
にくい？

恋愛
シチュエーション別
「九星」TOP3

清潔感があるのは――

1位・三碧木星

行動が速く、何ごとも効率的に行いたい三碧木星は、メイクや服装もシンプルにし、手順を少なくしているのでスピーディ。掃除や家事もそつなくこなすので、家はいつもきれいに片付いています。見た目にも清潔感が一番あり、フレッシュさを感じさせるタイプです。

2位・四緑木星

四緑木星は人との付き合いに積極的なため、人一倍清潔感には気をつかいます。気配りのできる星でもあるので、相手に不快な気持ちを与えないよう、見た目を常に考えています。

3位・六白金星

九星のなかでも、最も品格を気にする星が六白金星。流行のファッションへの探求心は少ないものの、品のある身なりを意識するので、清潔感にも人一倍気をつけています。

結婚が早いのは――

1位・九紫火星

理屈よりも感覚を大切にする九紫火星は、結婚したいと思えば即行動に移せるタイプ。好き嫌いもはっきりしているので、パートナー選びもあまり失敗しないようです。素直に感情表現ができるタイプなので、結婚したいという気持ちを伝えるのも早いのが特徴です。

2位・一白水星

水のように変化してその場の環境に適応していく一白水星。マイペースながらも、流されることをいとわないので、相手が結婚したいと言えば、OKする可能性は高いと言えます。

3位・三碧木星

思い立ったら即行動の三碧木星は、恋愛においてもスピーディ。すぐに告白、プロポーズと、結婚も早い傾向があります。ただ、結婚すると、愛情表現をしなくなるのはちょっと残念。

浮気しにくいのは――

1位・八白土星

九星のなかでも家族や身内の優先度が高い星。お付き合いしている人をいつも気にかけているので目移りしません。気まぐれな部分はあるものの、基本は融通が利かないと言われるほど真面目な性質のため、浮気をしたり、遊びのつもりで付き合うようなことはしません。

2位・二黒土星

恋愛＝家庭とひと続きに考える二黒土星は、パートナーを一番に考えるので浮気をする心配はありません。ただ、二黒土星の申年は浮気性なので、付き合うときは気をつけましょう。

3位・三碧木星

恋愛もストレートな三碧木星。一度付き合うと満足するので、他に目移りする危険性は多くありません。愛情表現が苦手な側面があるので、むしろ自分のほうが浮気されやすいかも。

頼りがいがあるのは――

1位・六白金星

正義感が強く、人の助けになることを積極的に行う六白金星。目上や強い相手にも負けじと立ち向かう真っ直ぐな気持ちをもっています。守るべき相手には自分の身を投げうっても力になってくれるので、困っているときには誰よりも頼りがいのある存在と言えます。

2位・五黄土星

リーダーシップがあり、親分気質も強い五黄土星。自分を頼ってくる相手には救いの手を差し伸べますが、恋人に対しても打算的な面もあり、得にならないと助けてくれないことも。

3位・二黒土星

二黒土星は自分よりもパートナーを第一に考え、いつも先回って世話を焼いてくれます。サポート気質で、相手の苦手な部分を補うのがうまく、困った時には頼りになります。

一緒にいて楽しいのは―

1位・七赤金星

世話好きな七赤金星は、相手の喜ぶことをしてあげたいと考えるタイプ。サプライズ好きなので、どんな時もあなたを喜ばせたり、驚かせたりして楽しませてくれるでしょう。相手が楽しいと自分も楽しいと思ってくれる七赤金星との時間は、精神的にも癒しになるはず。

2位・四緑木星

交友関係の広い四緑木星と一緒にいれば、自然と人が集まって、楽しい空気が生まれるはず。人間関係をうまくつなげてくれるので、自然に気の合う仲間と出会いやすくなります。

3位・九紫火星

感受性が豊かで、流行に敏感な九紫火星と一緒にいると、いつも変化があって飽きることがありません。問題なのは、ちょっぴり自分勝手な九紫火星に振り回されてしまうこと?

真面目な恋ができるのは―

1位・二黒土星

九星のなかでもっとも誠実といわれる星。もともとサポート気質のある二黒土星は恋愛においても献身的。相手を支えてあげようと、精一杯尽くしてくれます。堅実な性格ゆえに派手な遊びをすることは少ないので、あなたのことを何より大切にしてくれるでしょう。

2位・八白土星

頑固で気まぐれな側面がある星ですが、根は真面目。恋愛においても真摯に向き合ってくれるでしょう。結婚願望も強いので、将来をきちんと見据えたお付き合いができるはずです。

3位・六白金星

もともと正義感の強い星。ルールやマナーを重んじる性格なので、付き合った相手とは真面目に向き合ってくれるでしょう。ただし、色気に弱い側面があるので、浮気には要注意です。

浮気しやすいのは――

1位・九紫火星

九紫火星は他に目移りしやすいタイプ。感情的になりやすいので、「好きだ」という思いのままに行動してしまう傾向があります。空気にも流されやすく、ふたりきりで過ごしただけで相手を好きになってしまうことも。浮気に走る可能性が九星で最も高いと言えます。

2位・一白水星

どことなく漂う色気でモテる一白水星。その場の流れに身をまかせて行動しがちなので、浮気したいという気持ちがなくても、結果的にそうなってしまうことが多いようです。

3位・五黄土星

欲望に忠実で、恋愛をゲームのように楽しめる五黄土星。その分、飽きるのも早く、油断すると浮気に走る恐れがあります。略奪愛に燃える傾向もあるので、周囲のカップルは要注意。

協調性があるのは――

1位・四緑木星

人とつながるのが大好きな四緑木星ほど、協調性の高い星はありません。その場の雰囲気に合わせて柔軟に行動できるので、どんな人とでもすぐ仲良くなることができます。相手の性格やグループ内のムードを読み取って最適な行動ができる、気配りの得意な星です。

2位・七赤金星

みんなで楽しく過ごすことを大事にする七赤金星は、その場の雰囲気を悪くするおこないはしません。ただ、相手に合わせすぎる傾向があり、自分をダメにする空気に飲まれることも。

3位・六白金星

筋道やルールを大切にし、やってはいけないことを理解している六白金星は、自分からトラブルを起こしません。ただし、理屈っぽいため、議論になると雰囲気を悪くすることも。

すんなり別れられないのは―

1位・五黄土星

プライドが高く、失恋すると「裏切られた」と感じてしまうこともある五黄土星。社内恋愛で破局になれば会社で良くない噂を広げ、仲のいいグループ内での付き合いであれば友人関係を壊そうとしてくることがあります。半面、自分が飽きるとあっさり別れます。

2位・九紫火星

自分のものに対して執着の強い九紫火星は、別れようとする相手に対しても、どうにかしてつなぎ留めようとします。美意識が強いタイプなので、ストーカー気質は強くありません。

3位・八白土星

ひとたび付き合うと、家族のように尽くすタイプの恋愛をする八白土星。相手のことを真剣に考える分、「どうして?」と逆上されることも。表情が読みにくいので、相手はびっくり。

編集：入澤誠
ライター：入澤誠　高橋未瑠来
デザイン：鈴木悦子（POOL GRAPHICS）

マネージメント：中裕海　黒島愛深　泉水小夏（SDM）

営業：武知秀典（SDP）
宣伝：河野真衣子（SDP）
制作進行：鈴木佐和（SDP）

企画協力：SDM

琉球風水志シウマの恋占い

発　行　2023年10月29日

著　者　シウマ

発行者　細野義朗
発行所　株式会社 SDP
〒150-0021　東京都渋谷区恵比寿南1-9-6
TEL 03（5724）3975（第2編集）
TEL 03（5724）3963（出版営業ユニット）
ホームページ http://www.stardustpictures.co.jp
印刷製本　TOPPAN株式会社

ISBN978-4-910528-35-9